学ぶ人は、変えてゆく人だ。

目の前にある問題はもちろん、

人生の問いや、

社会の課題を自ら見つけ、

挑み続けるために、人は学ぶ。

「学び」で、

少しずつ世界は変えてゆける。

いつでも、どこでも、誰でも、

学ぶことができる世の中へ。

旺文社

JN047420

はじめに

「ここ, きらいだな…」「わからないからやりたくないなあ…」
みなさんには, そういった苦手分野はありませんか。

『高校入試 ニガテをなんとかする問題集シリーズ』は, 高校
入試に向けて苦手分野を克服する問題集です。このシリーズで
は多くの受験生が苦手意識を持ちやすい分野をパターン化し,
わかりやすい攻略法で構成しています。攻略法は理解しやすく,
すぐに実践できるように工夫されていますので, 問題を解きな
がら苦手を克服することができます。

高校入試において, できるだけ苦手分野をなくすことは, と
ても重要なことです。みなさんが入試に向けて本書を活用し,
志望校に無事合格できることを心よりお祈りしています。

旺文社

目　次

編集協力：屋舗有花　桑原大樹（有限会社マイプラン）
装丁デザイン：小川純（オガワデザイン）
装丁イラスト：かりた
本文デザイン：浅海新菜　小田有希
本文イラスト：ヒグラシマリエ
校正：高倉恵美／長谷部栄美

本書の特長と使い方

本書は，高校入試の苦手対策問題集です。受験生が苦手意識を持ちやすい内容と，それに対するわかりやすい攻略法や解き方が掲載されているので，無理なく苦手を克服することができます。

■ニガテマップ

英語のニガテパターンとその攻略法が簡潔にまとまっています。ニガテマップで自分のニガテをチェックしてみましょう。

■解説のページ

例題とその解き方を掲載しています。

ニガテパターン
受験生が苦手意識を持ちやすい内容で単元が構成されています。

攻略法
ニガテパターンに対する攻略法です。苦手な人でも実践できるよう，わかりやすい攻略法を掲載しています。

こう考える
攻略法を使って，例題の解説をしています。

( )に入れるものがわからない
会話文中の( )に入る文はどれ？
これだけ覚えて攻略
▶▶▶▶ 会話文によく出る表現を覚える

例題

AとBの会話が成り立つように，□ に入る最も適当なものを，下の**ア〜エ**から1つ選び，記号で答えなさい。
（栃木県）

A : Hello, I'm Suzuki. I'd like to talk to Mr. Brown.
B : □
ア Speaking. How are you?　イ See you again. Goodbye.
ウ That's all. Thank you.　エ Never mind. I can do it myself.

こう考える

会話文でよく出る表現から，場面を思い浮かべる。
A : Hello, I'm Suzuki. 「もしもし，スズキです。」
I'd like to talk to Mr. Brown. 「ブラウンさんをお願いしたいのですが。」

「ブラウンさんをお願いしたいのですが。」という電話独特の表現から考える。

B : Speaking. = 「（電話で）私です。」が適切。

答え ア（私です。元気ですか。）

問題文は電話での会話だな！

ココ は覚える 電話や会話でよく使われる表現をおさえよう！

- May[Can] I speak to 〜?　「（電話で）〜はいますか。」
- Speaking.　「（電話で）私です。」
- Sorry, he[she] is out now.　「すみません，彼[彼女]は外出中です。」
- Pardon?　「もう一度言ってください。」
- No, thank you.　「いいえ，結構です。」

ココ は覚える
解説の中で覚えておくべき内容をまとめています。

問題を解く上でのテクニックを掲載しています。

ここには 注意
注意すべきポイントをまとめています。

48

■入試問題にチャレンジ

実際の入試問題を掲載しています。

答え → 別冊 P.31

入試問題にチャレンジ

1 次の会話の（　）に入れるのに最も適切な英語を，1語書きなさい。ただし，（　）内に示されている文字で書き始め，その文字も含めて答えること。　　　　　　　　（岐阜県）

(1) *Teacher* : There are twelve months in one year. In English, the second month of the year is called February. What do you call the first month of the year in English?
Student : We call it (J　　　　).

こう考える▶ February, the first month of the year がポイント！

(2) *Jim* : Hi, Maki. I heard you were sick and left school early yesterday. How are you today?
Maki : I feel much (b　　　　) than yesterday. I went to the hospital and took medicine.
Jim : I'm glad to hear that.

2 次の(1)，(2)の英文の（　）にあてはまる語として最も適当なものを，それぞれの英文の下の**ア〜ウ**の中から一つ選び，記号を書きなさい。　　　　　　　　（佐賀県）

こう考える▶ 選択肢を先に読もう！

(1) When I find a word I don't know, I usually use a (　). However, when I don't have one, I ask my friends or teachers what the word means.
ア clock　　**イ** dictionary　　**ウ** uniform

(2) This weekend, I'm going to join a welcome party for *exchange students who have just come to Saga. A lot of interesting events will be held in the party. I will do a *shodo* performance with my club members. Come and join us. I'm sure you will enjoy it, too. Also, you can (　) your friends. They will be welcomed.

（注）exchange student(s) 留学生　*shodo* performance 書道のパフォーマンス

ア invite　　**イ** follow　　**ウ** share

93

こう考える▶
問題を解くにあたっての
ヒントです。

チャレンジ
少し難しい問題について
います。

▲だらしまキャット

■解答・解説

別冊に，「入試問題にチャレンジ」の解答・解説，例題の和訳を掲載しています。
解説は，本冊解説の攻略法をふまえた内容になっています。

高校入試 ニガテをなんとかする問題集 英語
解 答 ・ 解 説

長文が読み切れない
時間内に終わらない
　　　　　　　　　　本冊 → P.10

(1) **エ**　　(2) **ウ**
(3) ① 窓の外を見て　② 楽しくない
(4) ① 病気になった
　　② 絵を描くことをやめた
(5) **ウ**，**カ**

解説

まずは選択問題の(1)，(2)，(5)を先に解く。
(1)この his はエミリーの父親を指しているので，エミリーの父親のことばから探す。直前に It's not easy to become a painter. If you don't make effort, your dream will never come true. You should think again.「画家になるのは簡単ではない。努力しなければ，君の夢は決してかなわないだろう。もう一度考えるべきだ。」とあるので，ほぼ同じ内容のエを選ぶ。
(2)エミリーが楽しくなかった理由を選ぶ。直後に She remembered her father's words again「彼女（＝エミリー）は父親のことばをもう一度思い…

しょに父親の絵を探した。」本文 21 〜 24 行目より，エミリーの父親が描いた絵が入った箱を持ってきたのはジェーンなので，×。**カ**「エミリーはもう一度自分の夢について考えることを決めた。」本文 33 〜 35 行目より，○。

ポイント 問われている部分の直前直後，また，選択肢と同じ表現が使われているところだけを読む。

選択問題を解いたあと，記述問題に取りかかる。
(3)ジェーンがエミリーを見て，「今日は楽しそうじゃないわね。」と言った理由を答える。ジェーンはそう思った理由をエミリーにたずねられ，You sometimes look out the window today. Your father often did the same thing when he wasn't happy.「あなたは今日はときどき窓の外を見るわ。あなたのお父さんも，楽しくないときは同じことをよくしていたのよ。」と答えている。
(4)エミリーの父親についての話の内容を答える。本文 23 〜 27 行目のジェーンの話をまとめる。

和訳
　エミリーは高校の美術部の部員だ。彼女は小さな子どものころから，絵を描くことを楽しんできた。昨夜，エミリーは父親と母親に自分の夢について話した。「私は美術を学びたい，大きな都市に行きたいわ。私は画家になりたいの」と。彼女は…

ポイント
その問題を解く上でのコツなどを掲載しています。

▲なまけマン

5

テクニック、教えます！

➡問題の種類から解き方がわかる！

この問題ならこう解く！というテクニックを知っていれば
悩まずに解ける！

Yuki : Is your father interested in Japanese watches? I think the watches made in your country are the most famous in the world.

> so
> ➡ 直前の文に答えがある！

Sara : I think (so). But Japanese watches are also popular in my country.

We enjoy (   ) the movie.
動詞

> (   )の直前が動詞
> ➡ 動名詞か不定詞が入る！

> 「soが指すもの」って何？
>
> I think (so).
>
> 黒髪ロングにあこがれちゃう

> (   )に入る動詞はどれ？
>
> We enjoy (?) the movie.
>
> なんとかなるって

ステップで安心！

➡段階を踏めば大丈夫！

順番に考えていけば
難しい問題もすっきり整理できる！

小さなまとまり
➡ 大きなまとまり
➡ 並べかえた文！

> 並べかえは少しずつ！

絵を見る
➡ カンタンな日本語で説明する
➡ 英語にする

> いきなり作文にとりかからないのがコツ！

> 並べかえができない（   ）.
>
> This is (a ago taken fifty picture years
>
> 絵を見て作文するのがニガテ…

ここに注目すればどうにかなる！

➡ 決まった場所・語句に注目すればOK！

長い文章から答えを探すときも，ここだけ見れば解決！

Last year, I hurt my leg when I was running in the park. I couldn't move without crutches for about a month.

I had a hard time when I moved from classroom to classroom. I needed a lot of time to go to the gym because my classroom was on the third floor. My friends were always with me and helped me a lot.

It was also difficult for me to go to school by train. During that time, my mother usually took me to school by car. But every Friday, she had to go to her office early, so I had to go by train. I was not happy because the train had so many people. But when I was on the train, the crew always helped me and gave me a place to sit.

These things taught me what to do for people when they need help.

「テーマ」は「最初と最後」に注目！

やっぱりポテチは塩だよね。ポテチは。

グラフや表が
ややこしい

長文のテーマが
わからない

I hurt my leg when I was running in .nove without crutches for about a month. a hard time when I moved from class. oom. I needed a lot of time to go to the gym ussroom was on the third floor. My fri. with me and helped me a lot. difficult for me to to school ! . mother us. to school ! . took me

ずっと友達の
ままってアリ？

息抜きが
大事！

息抜きも
大事！

会話文が
わからない

ポイントを
しぼって覚える！

➡ よく出るものだけ覚えてしまおう！

入試に出るものは決まっているので，
よく出るものだけ覚えてしまえばよい！

会話文に特有の表現を覚える！

- May［Can］I speak to 〜?
- Speaking. ｜ 表現から電話の場面だとわかる！

ココ は覚える　電話や会話でよく使われる
表現をおさえよう！

- May［Can］I speak to 〜? ｜「（電話で）〜はいますか。」
- Speaking. ｜「（電話で）私です。」
- Sorry, he［she］is out now. ｜「すみません，彼［彼女］は外出中です。」
- Pardon? ｜「もう一度言ってください。」
- No, thank you. ｜「いいえ，結構です。」

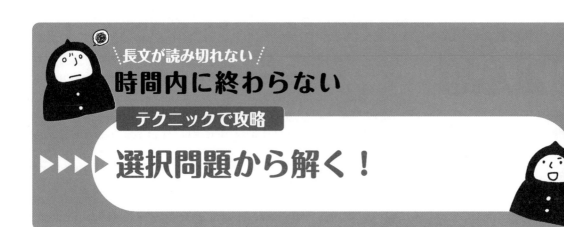

例 題

次の英文を読んで，あとの各問いに答えなさい。　　　　　　　　　　　〈鳥取県〉

　　It was an August evening almost twenty years ago.　There was a *classical music concert in my town.　A few weeks before the concert, my father said to me, "A famous *violinist will play with our town *orchestra.　I want to take you to this concert.　Do you want to come with me?"　I thought ①it was a good idea.　So we went to the concert hall
5　in the evening.　There were a lot of people in the hall.

　　Just before the concert, my father said to me, "He was in an *accident when he was a child.　After that, he couldn't use his hands well, but（　②　）.　And he became a famous violinist."　Then the violinist walked slowly to the *center of the *stage and looked at the *conductor.　The concert began.

10　The music was very beautiful and everything went well in the *beginning.　But *suddenly we heard a short and strong sound from the stage.　There was ③a problem.　The conductor saw the violinist and stopped the orchestra.　I said to myself, "The violinist will change his *violin for another one and start playing again."

　　But he didn't.　He waited just a little and *asked the conductor to *continue with his
15　eyes.　Then they started playing the music again.　The violinist was playing the music without one *string.　Everyone looked surprised.　He played the music with only three strings.　How great!

　　When he finished, ④everybody was quiet.　Then, everyone in the hall *stood up to *give him a big hand.

20　He said to us with a smile, "（　⑤　）"　I thought to myself, "He could play with only three strings because he always practiced hard with that idea."

　　It was a really moving concert for me.　I learned from him that we should never（　⑥　）.　We must do our best when we have a problem.

　　I will never *forget that concert.

（注）classical music　クラシック音楽　　violinist　バイオリン奏者　　orchestra　オーケストラ　　accident　事故
　　center　中央　　stage　ステージ　　conductor　指揮者　　beginning　最初　　suddenly　突然
　　violin　バイオリン　　asked 〜 to ...　〜に…するよう頼んだ　　continue　続ける　　string　（楽器の）弦
　　stood：stand の過去形　　give 〜 a big hand　〜に拍手かっさいを送る　　forget　忘れる

(1)　下線部①が示している内容を，日本語で書きなさい。

(2) （　②　）にあてはまる英語として，最も適当なものを，次の**ア～エ**から1つ選び，記号で答えなさい。

   ア　he told other violinists to play music

   イ　he started to study music hard to be a conductor

   ウ　he always played the piano a little slowly

   エ　he practiced playing the violin very hard

(3) 下線部③は，バイオリン奏者に起こったどのような問題ですか。本文の内容から判断して，日本語で説明しなさい。

(4) 下線部④について，その理由を，本文の内容から判断して，日本語で説明しなさい。

(5) （　⑤　）にあてはまる英文として，最も適当なものを，次の**ア～エ**から1つ選び，記号で答えなさい。

   ア　We always practice the violin during the concert.

   イ　We always must play the best music with the things that we have.

   ウ　We always stop playing music when someone makes a big sound.

   エ　We cannot play perfect music because we have so many concerts.

(6) （　⑥　）にあてはまる語句を，本文の内容から判断して，2語以上の英語で答えなさい。

こう考える

難しい問題に時間をとられてしまうともったいない。

時間がないときは，文章の一部を読めば答えられることの多い，選択問題から解く。

(2) After that, he couldn't use his hands well, but （　②　）.
うまく手が使えなかった　　　しかし

And he became a famous violinist.
そして有名なバイオリン奏者になった。

⇒手が不自由な彼が有名なバイオリン奏者になれた理由を選ぶ。

   ア　彼はほかのバイオリン奏者に音楽を演奏するように言った　⇒✕

   イ　彼は指揮者になるために一生懸命に音楽を勉強し始めた　　⇒✕

   ウ　彼はいつもピアノを少しゆっくり弾いた　　　　　　　　⇒✕

   エ　彼はとても一生懸命にバイオリンを弾く練習をした　　　⇒○

(5) He said to us with a smile, "（　⑤　）" I thought to myself, "He could play
彼は演奏できた

with only three strings because he always practiced hard with that idea."
たった3本の弦で　　　　　　いつもその考えを持って一生懸命に練習していた

バイオリン奏者の持っているもの

⇒バイオリン奏者がいつも考えていたことを選ぶ。

   ア　私たちはいつもコンサート中にバイオリンの練習をする。　　　　　　　　⇒✕

   イ　私たちはいつも自分の持っているもので最高の音楽を演奏しなければならない。⇒○

   ウ　私たちはいつもだれかが大きな音を立てたら音楽の演奏をやめる。　　　　　⇒✕

   エ　私たちはコンサートがとてもたくさんあるので，完璧な音楽を演奏できない。　⇒✕

答え　(2) **エ**　(5) **イ**

次の英文を読んで，あとの問いに答えなさい。なお，あとの注を参考にしなさい。　　〈長崎県〉

　　Emily is a member of the art club at high school. She has enjoyed painting pictures since she was a small child. Last night Emily talked to her father and mother about her dream. She said to them, "I want to go to a big city to study art. I want to be a *painter." Her father said, "It's not easy to become a painter. If you don't make *effort, your dream will
5　never *come true. You should think again." Emily was very sad to hear (a)his words. She cried and went to her room.

　　Emily couldn't sleep well that night. The next morning, her mother said to Emily, "I've just made a cake for your grandmother. Can you go to her house by train and give it to her?" Emily's grandmother, Jane, is her father's mother, and she lives in a small town.
10　Emily said OK because she didn't want to stay home and see her father.

　　On the train, people were enjoying their weekend. They looked happy but (b)Emily wasn't happy. She remembered her father's words again and thought, "This is my life. I don't understand why he said that." She *got off the train after an hour and walked to Jane's house.

15　Jane was very glad to see Emily. They had some tea with the cake. Emily told Jane about her school life. Jane was listening to her. Then she said, "(c)You don't look happy today. Are you OK?" Emily was *surprised because she was trying to smile and look happy. "How did you know that?" Emily asked. Jane answered, "You sometimes *look out the window today. Your father often did the *same thing when he wasn't happy. Tell me
20　what happened."

　　Emily told everything to her. Jane just listened and said, "I'll show you something." She left the room and came back with a box. When Emily opened the box, she found some beautiful pictures there. Emily saw them *for the first time. Jane said, "Your father painted these pictures when he was young. He wanted to be a painter. He went to an art school
25　and studied very hard. But it wasn't easy to be a painter. When he was worrying about his future, his father became sick. He *decided to come back to this town. He put these pictures in this box and stopped painting." Emily was very surprised to hear (d)the story about her father. She didn't know that her father liked painting. And he had the same dream! She asked Jane, "Then why did he say such a thing when I told him about my
30　dream?" Jane said, "You need a lot of effort to become a painter. You can't become a good painter if you change your mind *easily. I think he wanted to say that."

　　On the train going back to her town, Emily understood why her mother told her to visit Jane's house. She wanted Emily to know her father's *true *feeling. She asked *herself, "I know I like painting, but do I really want to study art? Do I really want to be a painter?"
35　She decided to look for the answers to these questions. If she finds the answers and they are "yes", she will talk to her father about her dream again.

（注）painter　画家　　（make）effort　努力（する）　　come true　実現する　　got off　get off（降りる）の過去形
　　　surprised　驚いた　　look out 〜　〜の外を見る　　same　同じ　　for the first time　初めて
　　　decide to 〜　〜しようと決心する　　easily　簡単に　　true　本当の　　feeling　気持ち　　herself　彼女自身

(1) 下線部(a)の内容として最も適当なものを次の**ア〜エ**の中から1つ選んで，その記号を書け。

   ア 絵を描くのが好きなら，画家になることは難しくない。

   イ 画家になるためには，都会で美術を学んだほうがよい。

   ウ たくさん努力すれば，画家になるという夢は必ずかなう。

   エ 画家になるのは難しいので，もう一度よく考えるべきだ。

(2) 下線部(b)の理由として最も適当なものを次の**ア〜エ**の中から1つ選んで，その記号を書け。

   ア 家族連れが多く，電車がいつもより混雑していたから。

   イ 学校の美術部での活動について，悩みがあったから。

   ウ 父親に前日の夜言われたことを思い出していたから。

   エ 自分一人で電車で旅行するのが少し不安だったから。

(3) 次は，エミリー(Emily)に対してジェーン(Jane)が下線部(c)のように言った理由をまとめたものである。文中の（　①　），（　②　）にあてはまる日本語を書け。

> 今日のエミリーはときどき（　　①　　）いるが，それはエミリーの父親が
> （　　②　　）ときによくしていたことと同じだったから。

   ①   ②

(4) 次は，下線部(d)の内容についてまとめたものである。（　①　），（　②　）にあてはまる日本語を書け。

> エミリーの父親は画家になりたかったが，それは容易ではなく，悩んでいた。そのころ彼の父親が（　　①　　）ので，故郷に帰ることになった。彼は描いた絵を箱の中に入れて，
> （　　②　　）。

   ①   ②

(5) 本文の内容と一致するものを次の**ア〜カ**から2つ選んで，その記号を書け。

   ア Emily started painting pictures at high school.

   イ Emily didn't tell her father about her dream.

   ウ Emily visited Jane with a cake made by her mother.

   エ Emily told Jane about her school life after dinner.

   オ Emily looked for her father's pictures with Jane.

   カ Emily decided to think about her dream again.

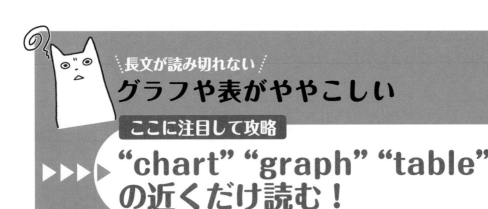

例題

文中の下線部 the pie charts について，本文の内容に合うように，円グラフの　A　～　D　にあてはまる最も適切なものを，下の**ア**～**エ**の中から1つずつ選び，その記号を書きなさい。〈和歌山県〉

In our school, we can study *agriculture. I'm in the agriculture *course. I learn how to *grow good vegetables, flowers, and fruits. I grow them with my classmates. At school, we sometimes make *processed products like juice.

In June, we started to sell vegetables, flowers, fruits, and processed products. Every Friday, 5 we *sold them at the station near our school. When we sold them, I *recorded the *sales there. I was happy when many people came to the station to buy our products. I sometimes asked them how they liked our products.

At the *end of each month, I made a *pie chart to check the *percentage of all sales in the month. Today, I'll show you the pie charts of June and July. In those months, we sold 10 vegetables the most. In June, the percentage of processed products was higher than fruits and flowers. However, in July, processed products weren't so popular. *Compared to June, the percentage of fruits became higher and the percentage of flowers was the same.

It has been a great experience for me to make and sell products. At the station, people tell me what they think about our products. And the pie charts show me the popular products in 15 different seasons. I'm glad I have some useful information now.

Well, here is the thing which I want to tell you the most. I want to improve our products by *making use of the things I learned.

(注) agriculture　農業　　course　学科　　grow　育てる　　processed product　加工製品　　sold：sell の過去形
record　記録する　　sales　売上げ　　end　終わり　　pie chart　円グラフ　　percentage　割合
compared to ～　～と比較すると　　make use of ～　～を生かす

円グラフ

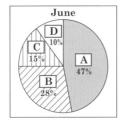

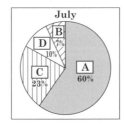

ア　vegetables
イ　flowers
ウ　fruits
エ　processed products

the pie charts の近くだけを読めばよい！

Today, I'll show you the pie charts of June and July.

chart に関するところ

① In those months, we sold vegetables the most.
　　これらの月（＝ 6，7 月）　　　　野菜が一番売れた

② In June, the percentage of processed products was higher than fruits and flowers.
　　6月　　　　　加工食品は高い　　　　　果物や花よりも

However, in July, processed products weren't so popular.
　　7月　　　　加工食品はあまり人気ではなかった

③ Compared to June, the percentage of fruits became higher
　　6月と比べて　　　　　果物の割合は高くなった

and the percentage of flowers was the same.
　　花の割合は同じだった

ここからちがう話題

It has been a great experience for me to make and sell products. At the station, people tell me what they think about our products.

内容をまとめると…
① 野菜が一番多い⇒ A ＝**ア** vegetables
② 6月：加工食品＞果物・花
　　6月の加工食品＞7月の加工食品⇒ B ＝**エ** processed products
③ 果物：6月＜7月⇒ C ＝**ウ** fruits
　　花：6月＝7月⇒ D ＝**イ** flowers

答え A：ア　　B：エ　　C：ウ　　D：イ

1 〈表〉の（　①　）にはどのような内容が入るか。日本語で書きなさい。　　　　　〈大分県〉

〈グラフ〉留学に興味がありますか。
対象:全校生徒200人

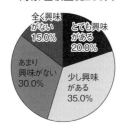

全く興味がない 15.0%
とても興味がある 20.0%
あまり興味がない 30.0%
少し興味がある 35.0%

〈表〉留学したらやってみたいことは何ですか。
対象:生徒110人（複数回答あり）

語学力を向上させたい	60.9%
外国の人と友達になりたい	59.1%
（　　①　　）	50.0%
新しいことに挑戦したい	31.8%
外国での生活や勉強を体験したい	27.3%
その他	47.3%

Do you want to study abroad? I hear the *number of the Japanese young people who want to study or work in foreign countries is becoming smaller. Do you think it is true? Some of my classmates often say they want to study in foreign countries. So, I asked all of the students in our school, "Are you interested in studying abroad?"

5　Look at the graph. 20% of them said, "Yes, very much," and 35% of them said, "Yes, a little." So, 55% of them were interested in studying abroad. I asked those students who were interested in studying abroad another question, "What do you want to do if you study abroad?" Look at the table. About 60% of them wanted to make their *language skills better or wanted to make friends with people in foreign countries. Half of them wanted

10　to know the culture or history of foreign countries.

In our school, the number of the students who are interested in studying abroad is not so small, and I'm one of them. My dream is to be a Japanese language teacher for foreign people. There are many people who want to know about Japan in other countries. I'd like to go there and teach them Japanese language and culture. So, I'm going to study both

15　English and Japanese harder. Also, I'm going to read a lot of books written about Japan. I'll do my best to *realize my dream.

(注) number　数　　language skill(s)　語学力　　realize　実現する

こう考える ▶　問題に「〈表〉の」とあるので，table「表」という単語を探す。

2 〈*Chart 2*〉内の（ X ）〜（ Z ）に入る最も適当なものを下の**ア〜ウ**の中から一つずつ選んで，その記号を書け。 〈長崎県〉

Yuko : My father has a Japanese restaurant. Yesterday, a woman from Australia came to his restaurant. She asked my father something about the menu. But he didn't understand English, so he didn't know how to help her.

Mary : I can understand how the woman felt. In Japan, almost everything is written in Japanese, so the language is the biggest problem for foreign people visiting Japan.

Yuko : I didn't think about that. I want to know more about their problems. Maybe I can do something to help them.

（*A week later*）

Yuko : I've found a newspaper *article. This shows that foreign people in Japan have problems in different places. *Chart 1* shows that they have the most problems at restaurants.

Mary : I also had problems there when I came to Japan last year.

Yuko : I have more information. *Chart 2* shows what problems they have.

Mary : About 40% of them think *manners are difficult. Also, choosing restaurants is the third in *rank. About 10% of them have some problems when they *pay. And the most difficult thing is to choose what to eat from menus.

Yuko : Do you agree?

Mary : Yes. I have a story to tell you. One day, when I went to a Japanese restaurant, I saw *funny English on the menu. It was "*Parent and Child *Bowl."

Yuko : What was it?

Mary : "Parent" means "*oya*" and "child" means "*kodomo*" in Japanese. Yes! It was "*oyakodon*." I think it should be "Chicken and Egg Rice Bowl."

Yuko : That gives me an idea. I can make English menus for people from other countries who come to my father's restaurant.

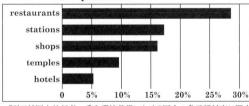

〈*Chart 1*〉 **Where do foreign people visiting Japan have problems?**

＊「訪日外国人旅行者の受入環境整備における国内の多言語対応に関するアンケート 平成29年」(観光庁)をもとに作成。複数回答あり。

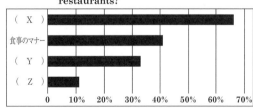

〈*Chart 2*〉 **What problems do foreign people have at restaurants?**

＊「訪日外国人旅行者の受入環境整備における国内の多言語対応に関するアンケート 平成29年」(観光庁)をもとに作成。複数回答あり。

（注）article　記事　　chart　図表　　manners　マナー，作法　　rank　順位　　pay　支払う　　funny　おもしろい
parent　親　　bowl　丼

 問われているのは Chart 2 についてなので，Chart 1 の内容は読まなくてよい。

ア レストラン選び
イ 注文する料理選び
ウ 食事代の支払い

X ☐　　Y ☐　　Z ☐

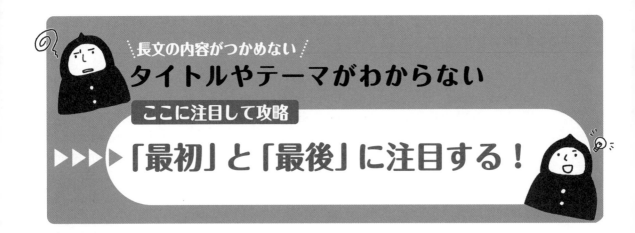

例題

次の英文の表題として最も適当なものを，下の**ア〜エ**から１つ選び，その記号を書け。〈鹿児島県〉

Last year, I *hurt my *leg when I was running in the park. I couldn't move without *crutches for about a month.

I had a hard time when I moved from classroom to classroom. I needed a lot of time to go to the gym because my classroom was on the third *floor. My friends were always
5 with me and helped me a lot.

It was also difficult for me to go to school by train. During that time, my mother usually took me to school by car. But every Friday, she had to go to her office early, so I had to go by train. I was not happy because the train had so many people. But when I was on the train, the *crew always helped me and gave me a place to sit.
10   These things taught me what to do for people when they need help.

(注) hurt　〜を傷つけた　　leg　あし　　crutch(es)　松葉づえ　　floor　階　　crew　乗務員

ア　Making Friends by Helping Each Other
イ　How to Move from Classroom to Classroom
ウ　The Thing I Learned through a Difficult Time
エ　An Easy Way to Get a Seat on Friday Trains

こう考える

長文のメインテーマは，「文章」や「段落」の「最初」か「最後」に書かれることが多い。

最初の文：I hurt my leg「私はあしを傷つけた」
= a difficult time「つらい時期」

> 選択肢と同じ意味を表す文を探す。

最後の文：These things taught me 〜「これらのことが私に〜ということを教えた」
= the thing I learned「私が学んだこと」

答え　　**ウ**（つらい時期を通して私が学んだこと）

ココ は覚える

文章のタイトルやテーマは，英語では「〜すること」，「〜する方法」と表されるものが多い。
〔例〕Making Friends 「友達をつくること」
How to Make a Lot of Friends 「友達をたくさんつくる方法」

入試問題にチャレンジ

答え ➡ 別冊 P.4

筆者がこの英文を書いた意図として最も適切なものを，下の**ア〜エ**の中から1つ選び，その記号を書きなさい。　〈埼玉県〉

　Japan has many popular foods. Some of them are from foreign countries. Pizza is a good example. It was brought from America and became popular. Now Japanese people often eat it. I know two interesting things about pizza.

　We don't know when pizza was first made. People began eating it many, many years ago.
5 There was a big *change in pizza when tomatoes were brought to *Europe. People at the time didn't eat tomatoes, but some people in *Naples, Italy tried to eat them with pizza. Tomatoes were very good and became popular with pizza.

　In Italy, one person usually eats *one whole pizza. Some Japanese people are surprised because they think one whole pizza is usually eaten together with their family or friends.

(注) change 変化　Europe ヨーロッパ　Naples, Italy イタリアの都市，ナポリ　one whole pizza ピザ1枚全部

こう考える　最初の段落の最後の文に，これから話す内容が述べられている。

ア　日本がアメリカと親密な関係であると伝えること
イ　イタリアの人々が家族をいかに大事にしているかを伝えること
ウ　自分がどれほどトマトが好きかを伝えること
エ　自分の知っているピザについての興味深い話を伝えること

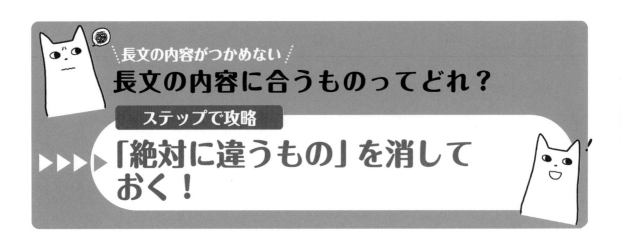

長文の内容に合うものってどれ？

ステップで攻略

▶▶▶▶ 「絶対に違うもの」を消しておく！

例題

本文の内容に合っているものを，あとの**ア〜カ**の中から2つ選び，その符号を書きなさい。〈岐阜県〉

Mr. Green : Have you *decided where to go for work experience next month?

Emi : Yes, I have. I'm going to work at a *kindergarten in my city for three days.

Mr. Green : That sounds great. Why did you choose to work there? Do you want to be a kindergarten teacher in the *future?

5 *Emi* : Well, that's a hard question to answer. My mother always tells me that it is a wonderful *job. But I can't decide what I want to be in the future. I like children very much, but I don't have enough *confidence to be a nice teacher.

Kenta : Emi, you're always kind to everyone, so you'll be liked by many children. And this work experience will teach you more about working as a kindergarten

10 teacher.

Emi : Thank you, Kenta. My mother says the same thing. She also says that I'll be able to learn many other important things if I experience working at a kindergarten.

Mr. Green : I agree with her. I think you can learn how important it is to have *curiosity.

15 *Kenta* : Curiosity? I don't know that word. Could you tell us its meaning?

Mr. Green : Sure. You know small children like to ask many questions, right? For example, "Why is the sky blue?" "Why can birds fly?" "Why is it dark at night?" They ask these questions because they have strong curiosity. In other words, they really want to know more about things that are new, strange,

20 or difficult to understand.

Emi : Oh, I see. But I don't have confidence to answer such difficult questions. If children ask me these questions at the kindergarten, what should I do?

Mr. Green : Don't worry. You don't have to know all the right answers. It is more important to show the children that you are also interested in these things. Please try to do many things together with them. *Even if you can't give

25 them all the right answers, you can make them happy.

Kenta : That's right. When I was a child, I always asked my father, "Why are the stars *bright?" Now I don't remember what his answer was. But I still remember that my father and I went to the top of the mountain near my

30 house and enjoyed looking at the stars together many times. So, I like

studying science now.

Emi : Kenta, you really gave me confidence. Mr. Green, thank you very much for giving me good *advice. I'll do my best to make the children happy at the kindergarten.

35 *Mr. Green* : Great, Emi! I hope your work experience will be a good chance to think about your future.

(注) decide　決める　　kindergarten　幼稚園　　future　将来　　job　仕事　　confidence　自信　　curiosity　好奇心
even if ～　たとえ～としても　　bright　輝いている　　advice　助言

ア　Emi doesn't want to go to the kindergarten because she can't talk to children very well.

イ　Emi's mother thinks that it is good for Emi to experience working at a kindergarten.

ウ　Mr. Green says Emi's work experience won't teach her any important things.

エ　Mr. Green's advice is good for Emi when she thinks about her work experience.

オ　Kenta has never been to the mountain near his house with his father.

カ　Kenta wants to be a scientist because his father is a science teacher.

こう考える ▶

選択肢がいっぱいで
確認が大変そう…。

最初に「絶対に違う」選択肢を消しておく。
「極端な内容」や「否定的な内容」の選択肢を先に消す。

ア　幼稚園に行きたくない
　　⇒後ろ向きな内容なので，×

ウ　職業体験は大切なことは何も教えないだろう
　　⇒極端な内容なので，×

選択肢を減らしてから，それぞれを確認する。

イ　エミの母の考え⇒本文 11 ～ 13 行目より，○

エ　グリーン先生の助言⇒本文 14，16 ～ 20，23 ～ 26 行目より，○

オ　ケンタが父と山に登った話⇒本文 28 ～ 30 行目より，×

カ　ケンタが科学者になりたいこと⇒本文にないので，×

長文から
・選択肢の主語
・同じ語句
・似た表現
を探して確認する。

答え　イ，エ

1 下の**ア**から**カ**までの文の中から，その内容が本文に書かれていることと一致するものを二つ選んで，そのかな符号を書きなさい。〈愛知県〉

   Japan is surrounded by the sea and people in Japan can see many kinds of fish and sea animals. However, it may be difficult for them to survive. In the world, about 8 million tons of plastic waste go into the sea every year. So, we should protect the sea for the future. This story is about the sea, plastic *pollution and the way to solve it.

5   You may know Aichi is famous for making things, such as pottery and cars. But do you know that, in 2019, Aichi produced the most plastic products in Japan, about 12%? Plastic *parts produced in Aichi are used in stationery, electronic devices, and so on. A lot of plastic products are around people in Japan. They are useful and support their daily lives.

10   Plastic products are convenient, but plastic waste is causing some problems in the sea. Plastic waste on roads moves into rivers, and then they carry the waste to the sea. So there is a lot of plastic waste from our daily lives in the sea. Some people say that sea animals may eat the plastic waste and die. Other people say dangerous chemicals *adhere to small pieces of plastic in the sea and fish may eat them. If we eat the fish, we
15 may get sick. We should know plastic waste is a big problem not only for fish, but also for people.

   Now many countries are trying hard to *reduce plastic waste. One example is *free plastic bags which people often use after shopping. In 2002, people in *Bangladesh stopped using plastic bags for the first time in the world. In 2015, shops in the U.K.
20 started selling a plastic bag *for 5 pence. In 2018, people in more than 127 countries stopped using free plastic bags or any kind of plastic bags. In 2020, Japan started selling plastic bags instead of giving free plastic bags. In fact, Japan has reduced about three quarters of plastic bags for a year.

   What should we do to reduce plastic waste? Aichi is running a campaign and trying to
25 keep the sea clean. The campaign tells us that it is important to be interested in plastic pollution and take action. We should take our own bags for shopping instead of buying plastic bags after shopping.

   The sea and the land are connected in nature. Our daily lives on the land influence many lives in the sea. Let's change our behavior as soon as possible. Taking action will
30 make the sea cleaner.

(注) pollution 汚染　　part 部品　　adhere to ～　～に付着する　　reduce ～　～を減らす　　free 無料の
　　　Bangladesh バングラデシュ　　for 5 pence　５ペンスで (ペンス：英国の貨幣単位)

ア　Every year, about 8 million tons of plastic waste come to Japan by the sea.
イ　About 12% of the people in Aichi have been making only pottery and cars since 2019.
ウ　People in Japan live their daily lives with a lot of convenient plastic products.
エ　Plastic waste in the sea influences sea animals, but it does not influence people at all.
オ　It is important for the people in the world to be interested in only plastic pollution.
カ　The sea and our lives are connected, so changing our behavior makes the sea cleaner.

Last year in July, Kate came to Japan from Australia to study in a Japanese high school, and she joined our class. It was the first time for her to visit Japan. Since then, we have had a lot of fun. Next week she will go back to Australia. I have known her for only *half a year, but I learned a lot of things from her. *Through talking with Kate, I have learned
5 that it is important to *make friends with people from other countries. Today I am going to talk about it.

When Kate first joined our class, she didn't talk to us. So I said to her, "Are you OK? Please ask me anything if you have a problem." She said, "Thank you. Can I ask your name?" I answered, "My name is Saki. I'm glad to have you in this class." She looked happy to
10 hear that. Then Kate and I became good friends. Two or three weeks later she said to me, "On the first day in this class, I didn't know what kind of things I should talk about with the other students, so I was very happy when you talked to me. After that, I talked to many people and made friends with them. Now I understand Japanese people better."

Kate and I talked about many things. One day in October I asked her, "Why did you come
15 to Japan?" She answered, "I came to Japan to study Japanese *culture. When I was in Australia, I became interested in Japanese *manga* because I like the stories and the *main characters." "What do you think about the main characters in Japanese *manga*?" I asked. She said, "I thought that a main character should be a *perfect person. In some of the Japanese *manga* I read, the main characters often have *faults and make *mistakes like us,
20 and they try to *overcome their faults. I like that." I have never thought about Japanese *manga* from that *point of view. I have found that people from other countries can teach us some important things about Japan. They often tell us something that Japanese people have not found.

Kate told me two good things about studying in *foreign countries. First, we understand
25 the cultures of other countries better when we study there. Kate said, "When I was in Australia, I only knew about Japan through Japanese *manga*, but after I came to Japan, I learned more about Japan." Second, we can learn a lot from foreign people. She said, "Now some countries in the world are not good friends with other countries. But if we have friends in other countries, we can get different points of view from the friends. By having
30 such different points of view, we can understand other countries better. One friend from another country can change our points of view of the world."

I am happy to hear those things from Kate because I have found what I should do in the future. I will study in other countries and make friends with many people there.

Before Kate leaves Japan, I want to say, "Thank you, Kate. I am happy because you taught
35 a lot of important things to me."

Thank you for listening.

(注) half a year　半年　　through 〜　〜を通して　　make friends with 〜　〜と友達になる　　culture　文化
　　main characters　主人公　　perfect　完璧な　　faults　欠点　　mistakes　間違い　　overcome 〜　〜を克服する
　　point of view　視点　　foreign　外国の

こう考える▶　「これは絶対に違う！」と思う選択肢を消してから，残った選択肢を確認してみよう。

1. Kate will go back to Japan because she learned a lot about Australia.
2. Saki says people from other countries teach her everything about Japan.
3. Kate didn't have anything to learn about Japan after she came to Japan.
4. Saki learned a lot of important things from Kate, so Saki feels happy.
5. Kate told Saki to read Japanese *manga* to learn about foreign countries.

長文から答えが見つからない

ヒントを見つけて攻略

▶▶▶▶ 問いと同じ表現を探す！

例題

本文の内容から考えて，マイク(Mike)が本から選んで書いた漢字を書きなさい。　　　〈北海道〉

Yuki：Hi, Mike. I'd like to show you *shodo* today. Do you know it?

Mike：Yes. I know it, Yuki. When I was in *elementary school, some Japanese *senior high school students visited my school and showed *shodo* to us. I wrote my name in *katakana*.

5 *Yuki*：Wonderful!　Did you use *fude* and *sumi* at that time?

Mike：Yes, I enjoyed writing with them.

Yuki：I think *kanji* and *hiragana* look more beautiful when they are written with *fude* and *sumi*. Also, I like the *smell of *sumi*, and feel *calm when I'm practicing *shodo*.

Mike：Sounds nice, Yuki. Can I try to write *kanji* now?　I haven't tried to write it before.

10 *Yuki*：Yes, of course. Look! This book has some easy *kanji* to write. You can choose your favorite one from it.

Mike：Well …, I'd like to try this one. I like its *shape and it doesn't look hard to write. Yuki, what does this *kanji* mean?

Yuki：It means "forest" in English, and it has three small parts in it. Each part means a "tree."

15 *Mike*：Wow! "Forest" has three "trees" in it. That's really interesting!　OK, Yuki, I'll try to write this *kanji*. Please show me how to write it.

Yuki：Sure, I'll show you. First, hold your *fude* like this, and *dip it into the *sumi*. Then try to *move your arm smoothly.

20 *Mike*：I see. I'll practice a few times. OK?

Yuki：Sure.

・・・・・About *ten minutes later・・・・・

Mike：Look, Yuki! I've finished writing the *kanji*. I really like this *piece because I could write it well.

25 *Yuki*：That's good, Mike!

Mike：Thank you, Yuki. I'll send this to my parents in Canada. I hope they'll enjoy it.

Yuki：I hope so too.

(注) elementary school　小学校　　senior high school　高校　　smell　香り　　calm　穏やかな　　shape　形
dip　漬ける　　move your arm smoothly　腕をなめらかに動かす　　ten minutes later　10分後に　　piece　作品

問いを英語にしてみる。

「マイクが　本　から　選んで　書いた　漢字」
　　　　　　book　　　　choose　write

これらの語が使われている場所を中心に，内容を確認する。

Yuki : Yes, of course. Look! This book has some easy *kanji* to write . You can choose your
favorite one from it.

Mike : Well …, I'd like to try this one . I like its shape and it doesn't look hard to write.
　　　　　試したい　　マイクが選んだ　　　　　　　　　　　　　　　　　　　　　　
　　　　　　　　　　　漢字

> マイクが選んだ漢字が it で
> 示されていることに注意しよう。

Yuki, what does this *kanji* mean?

Yuki : ① It means "forest" in English, and ② it has three small parts in it.
　　　　　～を意味する　　　　　英語で　　　　　　　3つの小さな部分がある
③ Each part means a "tree."
それぞれの部分は「木」を意味する

マイクが選んだ漢字は，
　①英語で"forest"という意味を表す。
　②3つの小さな部分がある。
　③それぞれの部分は「木」という意味を表す。

答え　森

1 あとの(1)・(2)に対する答えを，日本語で書きなさい。　　　　　　　　　　　　　〈広島県〉

　　A high school student Misaki went to a city in Australia last October to study English.
She stayed there with the Smith family.　In the family, there were Mr. Smith, Mrs. Smith,
and their child, Ann.

　　About two months *passed.　It was one Sunday evening before Christmas time.　Misaki
5　*decorated a Christmas tree with Mr. Smith and Ann.　After that, Mr. Smith told Misaki,
"We also write Christmas cards at this time.　We'll show you the cards."　He asked Ann to
bring some cards from her room.　After coming back with the cards, she showed them to
Misaki and told her some English *expressions used on Christmas cards.　Ann asked, "Well,
in Japan, do you write them?"　Misaki said, "Yes, but many people usually write *New Year's
10　cards."　Ann asked her what to write on them.　"Well … New Year's *resolutions ….　And
we often write the *kanji* for an animal, because we have an animal for each year," Misaki
said.　Mr. Smith got interested in Misaki's story.　"What kind of animals do you have?"
Misaki said, "For example, a dog or a *tiger.　Oh, a next year's animal is a *dragon."　Ann
looked excited and asked Misaki to write the *kanji*.　She wrote it on *a piece of paper and
15　showed it to them.　They saw the *kanji*, and Mr. Smith said, "Misaki, it looks like an *image
of a dragon."　Misaki said to them, "Do you like it?　If so, I'll write Ann's name in Japanese."

　　Just then, they heard Mrs. Smith from the *kitchen.　"It's time for dinner."　Ann said to
her, "OK, but now Misaki is writing my name in Japanese.　Come here."　Her mother came
and Misaki showed the paper to her.　"This is Ann's name written in three ways."　"In three
20　ways?"　She was surprised to hear that and all the family wanted to know more about those
ways.　It was not easy for Misaki to tell them about those ways.　But she tried, "This is
katakana, and the next one is *hiragana*.　Then the last one is *kanji*.　*Kanji* has *sounds and
meanings.　I chose this *kanji* for you.　Its sound is 'an' and one of its meanings is 'peace of
mind'."　Mrs. Smith said, "It's good for you, Ann."　"Thank you very much, Misaki.　I'll
25　show them to my friends!"　Ann looked very happy.　Misaki also felt happy to teach them
something interesting about Japan.　She wrote Mr. and Mrs. Smith's names in Japanese,
too.　They were glad and said, "Thank you" to her.　Then, the Smith family and Misaki
enjoyed having dinner and talking.　It was a wonderful night for her.

　　Before going to bed, Misaki wrote to her English teacher in Japan.　In the letter, she told
30　him about her New Year's resolutions.　"During my stay here, I'll tell the people more about
Japan.　This is one of my New Year's resolutions.　And one more.　After coming back to
Japan, I want to do something that builds a *bridge between Australia and Japan."

(注) pass　経過する　　decorate　飾る　　expression　表現　　New Year's card　年賀状　　resolution　決意
　　　tiger　トラ　　dragon　リュウ　　a piece of ～　一枚の～　　image　姿　　kitchen　台所　　sound　音
　　　bridge　かけ橋

(1) ミサキ(Misaki)は，年賀状に，新年の決意のほかに何を書くと言いましたか。

こう考える▶ 「年賀状」New Year's cards と「新年の決意」New Year's resolutions という語句が使われている場所を中心に，内容を確認する。

（　）

(2) ミサキは，スミス夫妻の名前を日本語で書いたあと，スミス一家と何をしましたか。

こう考える▶ 「スミス夫妻の名前」Mr. and Mrs. Smith's names という語句が使われている場所を中心に，内容を確認する。

（　）

2 アン(Ann)は，2月初旬にアメリカの人々がすることについて，早紀(Saki)に述べている。アンが述べている，2月初旬にアメリカの人々がすることを，日本語で書きなさい。 〈静岡県〉

Ann ：Hi, Saki. Happy *Valentine's Day! Here you are.

(*Saki took a present.*)

Saki ：Beautiful! Are these flowers for me? Thank you very much.

Ann ：You're welcome. I hope you like them.

5 *Saki* ：I love them. Ann, your present made me happy. But why did you give me the present today?

Ann ：In the U.S. everyone can give presents on Valentine's Day.

Saki ：Really? I didn't know that. Tell me more about Valentine's Day in the U.S.

Ann ：Well, cards are often used in the U.S. In early February, we write special cards with
10 warm messages. We give them on Valentine's Day. Children give cards to their friends, teachers, and family. *Couples give cards, chocolates, and flowers to each other. I know a man who gave a *handmade *ring to his girlfriend.

Saki ：That sounds nice. I love it.

Ann ：Valentine's Day is a day to show our love and *friendship.

15 *Saki* ：I see. You mean we should show our *feelings?

Ann ：Right. You know, Saki, you are wearing a nice *scarf. That looks good on you.

Saki ：Thank you. My Japanese friends saw my scarf today, but they didn't say anything. So you are the first person to say it.

Ann ：Maybe they think your scarf is nice. They don't say it because they are *shy. But
20 we should say our feelings to each other.

Saki ：Yes. I hope more Japanese will say their feelings to each other.

Ann ：I hope you will, too.

Saki ：I'll try.

(注) Valentine's Day　バレンタインデー　　couple(s)　夫婦, カップル　　handmade　手作りの　　ring　指輪
friendship　友情　　feeling(s)　気持ち　　scarf　スカーフ　　shy　恥ずかしがりの

（　）

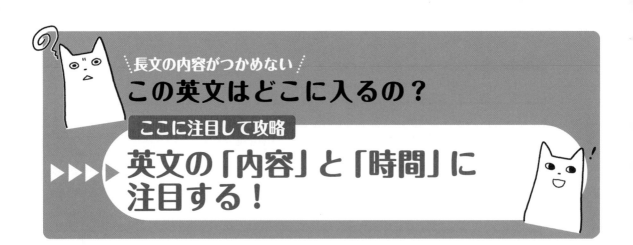

例 題

あとの☐の中の文が入る最も適切な箇所を，本文中の ア ～ エ から1つ選び，符号で書きなさい。　　　　　　　　　　　　　　　　　　　　　　　　　　　　　　〈岐阜県〉

　　Last Saturday, our softball team had an important game. ア I practiced very hard with my team members to win. However, I didn't play well in the game, and we lost. Other members *encouraged me after the game, but I could not stop crying.

　　After I came back home, I told my father how much I wanted to win. He said, "I
5　know how you feel, Kumi. You've tried hard to win that game for such a long time." Then he continued, "Well, I'm going to climb a mountain tomorrow. How about going together, Kumi?" "Climbing a mountain? I don't want to go, because I'm *exhausted now," I answered. He said, "If you walk in a mountain, you may feel better. Why don't you come?" I thought for a minute. I felt it would be nice *for a change, and decided
10　to go with him. イ

　　The next morning, it was cloudy, but soon after we began to climb, it started to rain. I said to myself, "Yesterday I lost the game, and today it's raining. Nothing is good to me." When we got to the top, I was disappointed that I could not see anything from there. But my father looked happy in the rain. When we were eating lunch there, I
15　asked him why. He said, "We cannot stop the rain by *complaining, Kumi. I just enjoy climbing *whether it is rainy or sunny. When it rains, you can enjoy the rain." "Enjoy the rain? How can you enjoy when it rains?" I asked. He answered, "See the trees when they're wet with rain. They're very beautiful." I said, "But I want to enjoy walking in the sun. Climbing on a rainy day is like losing games. It's no fun." ウ
20　Then he said, "I know what you mean, Kumi. But there is no winner or *loser in climbing. I feel happy in the mountains even on rainy days because I really like mountains." When I heard his words, I remembered *the time when I started to play softball at the age of ten. At that time, I just enjoyed playing it with my friends. But now I play softball just to win. My father smiled and said, "Well, when you have a hard
25　time, you have three things to do. First, you can do your best and run for *success. You may think this is always the best choice. But you sometimes need to stop and think about what you have done. This is the second thing you can do." "Stop and think about what I have done," I repeated. He said, "I think this is also important because it's impossible to have success all the time. And there is one more thing you

³⁰ can do." "What's that?" I asked. He said, "Accept the *situation and walk *step by
step. If you continue to walk, you may find something wonderful along the way."
While I was listening to him, I remembered the faces of my team members. エ

In the afternoon, it stopped raining. When we started to go down the mountain, my
father said, "Look over there!" A *rainbow was in the clear sky. My father and I looked
³⁵ at each other. He said, "See? That is 'something wonderful along the way'." I said,
"You're right. I can see it only after the rain. No rain, no rainbow!"

(注) encourage 励ます　　exhausted 疲れきった　　for a change 気分転換に　　complain 不平を言う
　　whether ～　～であろうとも　　loser 敗者　　the time when ～　～したときのこと　　success 成功
　　situation 状況　　step by step 一歩一歩　　rainbow 虹

> Though I lost the game, I had a lot of experiences with them.

こう考える

補う英文の「内容」と「時制」を確認する！
　Though I lost the game, I had a lot of experiences with them.
　　　　　　過去　　　　　　　過去　　　　　　　　　　「彼らと」
　「試合には負けたが，彼らとたくさんの経験をした。」
　⇒「過去の文」で，前に「them が指す言葉」がある場所から選ぶ。
　⇒複数を指す言葉がないので，　ア ，　イ には入らない。

　ウ ，　エ にあてはめて，意味が通るかどうか確認する。
　ウ　Climbing on a rainy day is like losing games. It's no fun.

　　Though I lost the game, I had a lot of experiences with them.

　「雨の日の山登りは負けた試合のようだ。それはつまらない。」←┐内容が合わない
　「私は試合に負けたが，それら（＝試合）とたくさんの経験をした。」←┘⇒×

　エ　While I was listening to him, I remembered the faces of my team members.
　　　　　　　　　　　　　　　　　　　　　　　　　　　　　　‖
　　Though I lost the game, I had a lot of experiences with them.

　「彼の話を聞いている間，私は部員の顔を思い出した。」
　「試合には負けたが，私は彼らとたくさんの経験をした。」
　⇒○

答え　エ

入試問題にチャレンジ

1 あとの □ の中の文は，文中の □1□ ～ □4□ のどこに入るのが最も適切か，番号で答えなさい。

〈茨城県〉

"All our dreams can come true, if we have the *courage to *pursue them." This is one of my favorite words by *Walt Disney.

Walt was born in 1901. He liked drawing and art. He started drawing when he was little. When Walt was a high school student, he made *cartoons for the school newspaper.
5 He also *took classes at an art school at night. In 1919, Walt found a job at an art *studio. During this time, he learned about *animation. He wanted to make his own animations, so he started his first *company and made short movies there. □1□ The animations were popular, but his company had some problems. He had to close his company.

In 1923, Walt started another studio with his brother. Walt *created a popular
10 *character. □2□ However, there was a big problem. Another company took his character and his *co-workers away from him. But Walt never *gave up. He created a new character again. He created an animation movie of this character with sound, and many people loved it. Then Walt created many new characters. They moved and talked in the movies. All of them were cute and became popular.

15 After that, Walt decided to make a long animation movie. Some people around him said it was difficult, but he believed that he and his co-workers could do it. □3□ They finally finished making the movie in 1937. The movie became very popular. Walt got a lot of money. He used the money to build another movie studio and to make more animation movies.

20 Walt also had the idea to create a large park because he wanted to make many people happy. In 1955, he opened his first park in America. □4□ The park became famous and popular, and it is still one of the world's most popular places to visit on vacation. Later, Walt had the idea to build a larger park in another American city. He worked on the plans but died before the park opened in 1971.

(注) courage 勇気　pursue ～ ～を追い求める　Walt Disney ウォルト・ディズニー　cartoon(s) 漫画
took classes 授業を受けた　studio スタジオ　animation アニメーション　company 会社
created ～ ～を作った　character キャラクター　co-worker(s) 仕事仲間　gave up あきらめた

> Because of this character, his studio did well.

こう考える ▶ this character が何を指すか考えよう。

2 あとの**ア**～**エ**までの英文を，会話文中の ⎡ a ⎤ から ⎡ d ⎤ までのそれぞれにあてはめて，会話の文として最も適当なものにするには，それぞれにどれを入れたらよいか，その符号を書きなさい。ただし，いずれも一度しか用いることができません。　　　　　　　　　　　　　　　〈愛知県〉

Yumi : Hi, Chris. Have you finished the report of *the period for integrated study?
Chris : ⎡　　a　　⎤ I haven't found any good books or websites to learn about Aichi. Do you have a good idea?
Yumi : Well, why don't you find some information from TV programs? Last night I watched "Wonderful Aichi." Do you know about the program?
Chris : Yes. I know about it but I didn't watch it. Can you tell me about it?
Yumi : It was very good. In the program, a lot of interesting things in Aichi were shown. Aichi has mountains, seas and many old things. It also has beautiful places to visit on a trip. Thanks to the program, I learned more about Aichi.
Chris : I see. *To tell the truth, I tried to *record it, but I couldn't.
Yumi : What's wrong?
Chris : My friend gave me a *DVD recorder, but I don't know how to use it.
Yumi : Oh, that's too bad. ⎡　　b　　⎤
Chris : I don't know. I have the *instruction manual, but the manual is written only in Japanese. So I can't read it.
Yumi : All right. I know we can see the TV program again next Sunday. I think I can do something about that for you.
Chris : Thank you, Yumi. ⎡　　c　　⎤
Yumi : My pleasure. Then, if you have time next Saturday, I can go to your house and see the recorder. I'll show you the way to use it.
Chris : I'll be free on that day. What time can you come?
Yumi : How about 10 o'clock in the morning?
Chris : OK. I'll tell my mother about your visit. She always makes a cake when someone visits us. ⎡　　d　　⎤
Yumi : Oh, really? I hope to enjoy your mother's cake. I love eating *sweets, so I can go to your house and help you every day!

（注）the period for integrated study　総合的な探究の時間　　to tell the truth　実は　　record　録画する
　　　DVD recorder　DVD レコーダ　　　instruction manual　使用説明書　　sweets　甘い菓子

ア　Is it so difficult to use it?　　　　　**イ**　I'm very glad if you help me.
ウ　She will work hard for you.　　　　**エ**　No, not yet.

こう考える▶ ここでは入れる英文の「内容」を中心に確認しよう。アが疑問文，エが疑問文に対する答えになっている点にも着目する。

a ⎡　　　　⎤　　b ⎡　　　　⎤　　c ⎡　　　　⎤　　d ⎡　　　　⎤

29

\長文の内容がつかめない/
英文の続きはどれ？
ヒントを見つけて攻略
▶▶▶▶ 同じ意味を表す語句を探す！

例題

次の英文は，ある中学校の卒業生のボブ(Bob)が，友人のウィリアム(William)について書いた英文です。本文の内容と合うように，あとの(1)，(2)の英文に続けるのに最も適切なものを，1～4の中からそれぞれ1つ選び，その番号を書きなさい。　　〈青森県〉

Yesterday a young man came to our school.　His name was William.　He was a student of our school five years ago.　He is a *university student now.

When William was a student at our school, he had questions about many things. When William looked up at the sky, he thought, "Why are there clouds in the sky?" 5 When William walked in a park, he thought, "How do these *ants live?　Where do those birds go?"　He thought about his questions and studied to get the answers.　He asked his parents and teachers some questions.　He also read some books.　*Especially, William was interested in *spiders.　He went to the park every Sunday to study about spiders. He wrote the things he found about them in his notebook and took many pictures of 10 them.　He saw many kinds of spiders in the park.　One of the spiders was big and had long *legs.　Another spider was very small and had some colors.　William found many things which were not in the books.

William continues studying about spiders in his university.　He has many friends who study together.　William said, "Many people don't like spiders, but they are important 15 members of the earth.　They eat *harmful *insects in towns and forests.　They do a good thing for humans and animals."

(注) university 大学　　ants アリ　　especially 特に　　spiders クモ　　legs 脚　　harmful 有害な
insects 昆虫

(1)　Five years ago
　　1. William was a student at Bob's school.
　　2. a young man came to William's university.
　　3. William was a university student.
　　4. a young man came to Bob's school.

(2)　William went to the park every Sunday and
　　　1. saw many pictures of the park in some books.
　　　2. wrote many kinds of books about spiders in the park.
　　　3. met some friends who studied together in the park.
　　　4. found different kinds of spiders in the park.

こう考える ▶

本文から問いと同じ意味を表す語句を探し出す。

(1) Five years ago
　　　5年前

本文1〜2行目

Yesterday a young man came to our school. His name was William.

He was a student of our school　five years ago　.
＝ウィリアム　　　　　　＝ボブたち

⇒1. William was a student at Bob's school.「ウィリアムはボブの学校の生徒だった。」

(2) William went to the park every Sunday and
　　　　　　　　　公園　　　毎週日曜日

本文8〜10行目

He went to　the park　every Sunday　to study about spiders.

He wrote the things he found about them in his notebook and took many pictures of them.

He saw many kinds of spiders in the park.
　　　＝たくさんの種類のクモ

⇒4. found different kinds of spiders in the park.「様々な種類のクモを公園で見つけた。」

答え　(1) **1**（5年前，ウィリアムはボブの学校の生徒だった。）
　　　　(2) **4**（ウィリアムは毎週日曜日，公園に行って様々な種類のクモを見つけた。）

あとの(1)〜(3)の文を，本文の内容と合うように完成するには，□ の中に，それぞれア〜エのどれ
を入れるのがよいか。　　　　　　　　　　　　　　　　　　　　　　　　　　　　　〈東京都〉

　　　Keiko and Jennifer were high school students.　Jennifer was from America and was
staying at Keiko's house.　Jennifer told Keiko about her country and its culture.　Then Keiko
began to become interested in America.　She started to think of going to America to learn
about its culture.

5　　After a year, Keiko left Japan with Jennifer for America.　She stayed at Jennifer's house
and went to high school there.　Keiko made new friends and enjoyed talking with them.

　　　One day, in an art class at school, the teacher asked Keiko to tell the class about Japanese
arts.　She said, "Well, we have wonderful *traditional arts, like *ukiyoe*.　Through *ukiyoe*, you
can learn how people lived in the Edo *period.　*Ukiyoe* *had a great influence on *Western

10　arts …."　"I have a question," one of the students suddenly asked, "What are some examples
of the way of life in Japan in the Edo period?"　Another student asked, "What kind of
influence did *ukiyoe* have on Western arts?"　Keiko tried to answer these questions, but
she couldn't.　She thought, "I thought I knew a lot about Japanese culture before I came
to America, but I didn't."　She *felt a little disappointed.

15　　That evening, Jennifer's mother said to Keiko, "I'm going to have a party next month.
I want to wear a *yukata* a Japanese friend gave me.　Will you help me with my *yukata*?"
"Sure.　Why don't you *try it on now?" Keiko said.　At first, Keiko thought that it would be
an easy job.　But it wasn't.　Keiko couldn't *tie the *obi* well.

　　　Keiko was sad.　Jennifer soon knew *something was wrong with Keiko.　Jennifer asked,
20　"You don't look well, Keiko.　What's the problem?" Keiko answered, "Well, everyone here
in America thinks I know a lot about Japanese things.　But there are many things I don't
know about Japan.　I feel very sorry about that." "Don't worry, Keiko," Jennifer said, "I felt
the same thing when I was in Japan.　But you always *encouraged me.　Now you have a
good chance to learn more about your country and its culture."

25　　After that day, Keiko tried to learn more about Japanese culture.　First, she went to the
city library to learn about *ukiyoe*.　She learned many things.　For example, many *ukiyoe*
were brought to *Europe in the Meiji period.　Those *ukiyoe* had an influence on Western
ways of *painting.　Then Keiko asked her grandmother in Japan to tell her how to *put on
a *yukata*.　Her grandmother told her how to tie an *obi* by e-mail.

30　　Before the party, Keiko helped Jennifer's mother with her *yukata*.　Jennifer's mother said,
"I am very happy to be able to wear a beautiful *yukata*.　Thank you, Keiko." At the party,
Keiko and the *guests enjoyed talking about Japanese and American culture.　One of the
guests said it was great fun to learn about foreign countries and their cultures.　Keiko
thought it was important to learn about her own country.　She felt a little happier.

35　　One day, after the party, Keiko asked her teacher to give her a chance to tell the class
about *ukiyoe* again.　Her teacher gave her a chance to do that on that day.　This time she
did well.　Of course, there were still some questions that she couldn't answer, but the teacher
helped her a lot.　One of the students said, "A lot of people want to learn about Japan." Keiko
was surprised to hear that.　After that, she enjoyed talking about many things about arts

⁴⁰ with the class.

*On her way home from school that day, Keiko talked to Jennifer, "I have had great experiences here in America. You and your mother gave me a chance to learn more about American culture and my own culture. Now I hope I can tell more people about Japan in the future."

(注) traditional 伝統的な   period 時代   have an influence on ～ ～に影響を与える   Western 西洋の
feel disappointed がっかりする   try ～ on 試しに～を着る   tie ～を結ぶ
something is wrong with ～ ～の調子が悪い   encourage ～を励ます   Europe ヨーロッパ   paint (絵を)描く
put on ～ ～を着る   guest 招待客   on her way home 帰り道に

こう考える▶ 本文から問いと同じ意味を表す語句を探す。

(1) One day, in an art class at school, Keiko felt a little disappointed because ⬚.
　　ア　she couldn't give the class any example of the way of life in Japan today
　　イ　she couldn't answer the questions some of the class asked
　　ウ　she couldn't enjoy talking with her new friends
　　エ　she couldn't tell the class about American arts

(2) Keiko tried to learn more about Japanese culture after ⬚.
　　ア　she encouraged Jennifer
　　イ　she was able to tie an *obi*
　　ウ　she talked with Jennifer about her problem
　　エ　she helped Jennifer's mother with her *yukata* at the party

(3) One day, after the party, Keiko was surprised because ⬚.
　　ア　she heard a lot of people wanted to learn about Japan
　　イ　there were still some questions that she couldn't answer
　　ウ　her teacher gave her a chance to tell the class about *ukiyoe* again
　　エ　the guests at the party enjoyed talking about Japanese and American culture

動詞の形をかえるのがニガテ

テクニックで攻略

▶▶▶▶ **直前の動詞の時制に
合わせてみる！**

例 題

本文中の下線部(understand)を，文意から考えて，正しい形にかえて1語で書け。　　〈京都府〉

　I was happy to tell Tom about the *nature and the culture in my town in English. It was difficult for me to do that, but I found it's nice to talk with people from different countries. When I studied with Ms. Ishii to talk with Tom, I (understand) more about my town.

(注) nature　自然

こう考える ▶

まずは直前の動詞の時制に合わせてみる。

When I studied with Ms. Ishii to talk with Tom, 「トムと話すためにイシイ先生と勉強したとき」
　　　　　過去形
　　　　　↓

I　（understand）　more about my town.
　　　　　↓
　　understood

次に，あてはめた語で文の意味を確認する。

「トムと話すためにイシイ先生と勉強したとき，私は自分の町についてより多くのことを理解した。」

答 え　understood

> 意味が通って
> いるね！

ココには 注意　（　）の前に have[has]や be 動詞がある場合

● have[has]がある場合…現在完了の文なので過去分詞にする。

I have （meet） him before.　「私は以前彼に会ったことがある。」
　　　　　┗━ met

● be 動詞がある場合

①進行形の文のときは，ing をつける。

My father is （read） a book now.　「私の父は今，本を読んでいるところだ。」
　　　　　　　┗━ reading

②受け身の文のときは，過去分詞にする。

English is （speak） all over the world.　「英語は世界中で話されている。」
　　　　　┗━ spoken

入試問題にチャレンジ

答え ➡ 別冊 P.12

次の英文の（　）内の単語を，最も適当な形に直して書きなさい。

こう考える ▶ まずは直前の動詞の時制に合わせてから，文全体の意味を確認しよう。

(1)　　I thought, "I have never seen people like them in Japan. Are there any hospital *clowns in Japan?" I was interested in them.

　　When I came back from America, I went to the store and （find） a book about hospital clowns. It was a story about a man who was a Japanese hospital clown.

(注) clown(s)　おかしなしぐさで聴衆を笑わせる役者。日本では「ピエロ」と呼ばれることが多い。　　〈宮城県〉

(2)　　I got many fish, but they were all small. I thought, "I only want a big one," and threw all of them in the river. Then, I went a little far away from Akira and （try） many times.

〈静岡県〉

英文の流れがわからない

so や that の指すものが見つからない

テクニックで攻略

▶▶▶▶ **直前の文の内容を答える！**

例 題

次の英文は，中学生の有紀(Yuki)と，彼女の家にホームステイしているスイスからの留学生サラ(Sara)との対話の一部である。下の□□□内が下線部の内容を表すように，（　　）に適切な日本語を入れなさい。　　　　　　　　　　　　　　　　　　　　　　　　　　　　　〈栃木県〉

Yuki：Good morning, Sara! What are we going to do today?

Sara：Hi, Yuki. I want to go shopping to buy a Japanese watch for my father.

Yuki：Is your father interested in Japanese watches? I think the watches made in your country are the most famous in the world.

5 *Sara*：I think <u>so</u>. But Japanese watches are also popular in my country.

Yuki：Really? I didn't know that. Well, I know a nice watch shop. Let's go there.

> スイス製の時計は(　　　　　　　　　　　　)ということ。

こう考える

so や that は，「直前の文の内容」を指すことが多い。

　　Yuki：Is your father interested in Japanese watches?

　　　　I think │the watches made in your country are the most famous in the world.│
　　　　　　　　　‖
　　Sara：I think │so│.

答え　　（スイス製の時計は）世界で最も有名だ（ということ。）

36

ココ**は覚える** 指示語の問題でよく出る表現

- that 「そのこと」
- so 「そのように」
- I think so. 「私はそう思う。」
- these[those] words 「これら[それら]のことば」
- That's right. 「その通り。」

入試問題にチャレンジ

答え → 別冊 P.13

1 次の英文は，中学生の和夫(Kazuo)が職業体験で老人ホーム(nursing home)を訪れたときのことについて行ったスピーチの一部です。下線部 that はどのようなことを指すか，日本語で答えなさい。
〈富山県〉

When we came back to the nursing home, he told me that he was happy to go out and to talk with me about my school. I was very glad to hear that. It was very useful for me to visit the nursing home because I could understand the *workers' jobs. I learned a lot there.

（注）worker 働いている人

| |
| |

2 本文の下線部は具体的に何をすることか。日本語で書きなさい。
〈大分県〉

At school, Ken told Satoru and Hitomi about Ms. Suzuki. Satoru said, "We didn't know she was so kind." "You're right. She lives *alone, so maybe she wants to talk with someone," said Hitomi. Ken said, "Shall we visit her house to thank her for the flowers?" Satoru and Hitomi said, "Yes. Let's do it."
5 The next day, they went to her house. She was very glad and told them about the station.

（注）alone 1人で

| |
| |

英文の流れがわからない
語句の具体的な内容がわからない

テクニックで攻略

▶▶▶▶ **近くの語句をあてはめてみる！**

例 題

本文の下線部が表す内容を，具体的に日本語で書きなさい。　　　　　　　　　　　〈新潟県〉

　　When I was fifteen, I was always thinking about my *future. I was interested in a lot of jobs, but I didn't know which was the best job for me. Then my brother gave me <u>a good idea</u>. It was to visit some of his friends to learn about their jobs.

（注）future　将来，未来

こう考える ▶

「～が表す内容」を答えるときは，近くにある語句をあてはめて考える。
　　Then my brother gave me <u>a good idea</u>.「そのとき，私の兄が<u>よい考え</u>を私にくれた。」

直前の文：... <u>but I didn't know which was the best job for me.</u>
　　　　　　「どれが自分にとって最もよい仕事かわからないという」
　　　　　　　　　　　　　　　　　　　　↓
　　　　　Then my brother gave me | a good idea |.　| よい考え |　◁ 意味が通らない。
直後の文：<u>It was to visit some of his friends to learn about their jobs.</u>
　　　　　「彼の友達の何人かを，彼らの仕事について学ぶために訪ねるという」　◁ 意味が通る！

答 え　兄の友達の仕事について学ぶために，彼ら（の何人か）を訪問するという考え。

1 本文中の下線部がどのようなものか，日本語で書きなさい。 〈栃木県〉

　　We often use umbrellas when it is raining. But a long time ago, umbrellas were not used for rain. In *ancient Egypt, only *powerful people used umbrellas to *block the strong light of the sun. They were different from the umbrellas we use today. At that time umbrellas were always open. In the *13th century, people in *Europe made <u>a new</u>
5 <u>kind of umbrella</u>. It was the umbrella which people could open and close.

（注）ancient Egypt　古代エジプト　　powerful　権力のある　　block　〜をさえぎる　　13th century　13世紀
　　　Europe　ヨーロッパ

>

2 本文の下線部が指す内容を表すように，（　　）に日本語を書きなさい。 〈長崎県〉

Jim : I visit many countries and take pictures of *wild animals. Then I write messages on the pictures and give them to many people. Can you see <u>the message</u> on this picture?

Ken : Yes. "Wild animals can't live without *nature."

5 *Jim* : I want people to see my pictures and remember that wild animals have many problems.

（注）wild　野生の　　nature　自然

> 野生動物は（　　　　　　　　　　　　　　　　　　　　　　　　　　　）。

下線部の理由を説明できない

ヒントを見つけて攻略

▶▶▶▶ **so か because を探す！**

例題

本文の下線部の理由として最も適切なものはどれか。 〈栃木県〉

One day we were catching fish in the river. I was thinking about my homework, so I couldn't enjoy catching fish. When we sat on the *riverside, I said, "Koji, did you finish your homework? I know you can write a good *essay. Last year, our teacher said that your essay was the best in our school. So, Koji, could you help me with my essay? I
5 tried it yesterday, but …" Koji said suddenly, "Sorry, I can't help you."

（注）riverside　川岸　　essay　作文

ア　Because I had to finish my homework.
イ　Because I could not catch any fish in the river.
ウ　Because Koji caught a lot of fish.
エ　Because Koji didn't write a good essay.

こう考える▶

結果を表す so か，理由を表す because を探す。

I was thinking about my homework, so I couldn't enjoy catching fish.
理由「自分の宿題について考えていた」　　結果「魚つりを楽しめなかった」

答え　ア（私は宿題を終えなければならなかったから。）

ココには 注意 so と because では理由が入る場所が異なる！

● so

I was tired, so I went to bed early. 「私は疲れていたので，早く寝た。」
理由 　　　　　　結果 ⇒ so の前に理由

● because

I went to bed early because I was tired. 「私は疲れていたので，早く寝た。」
結果 　　　　　　理由 ⇒ because の後ろに理由

入試問題にチャレンジ

答え ➡ 別冊 P.14

次の英文は，森先生(Mr. Mori)が北海道への家族旅行で体験したことについて話している一部である。下線部について，その理由を日本語で書きなさい。 〈佐賀県〉

　It was difficult to wait at the airport for a long time. I did many things when we were waiting. There were many stores at the airport. We ate lunch at a restaurant. I read books at a bookstore for an hour. I bought a book and read it for two hours. I went to a *toy store with my children. I didn't want to go there because they always asked me to
5 buy something. But they didn't do that at that time. They only looked at toys. After that, I watched a soccer game on TV. *At last, I had nothing more to do. I only sat on the chair.

（注）toy　おもちゃ　　at last　ついに

こう考える ➤　下線部の直後にある because に注目！

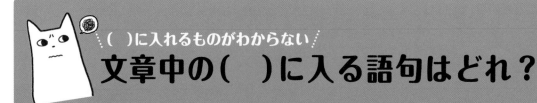

ステップで攻略

▶▶▶▶ ## 前の文までの流れを整理する！

例題1 （　）が1つのとき

（　）にあてはまる語として，最も適当なものを，下の**ア〜エ**から1つ選び，記号で答えなさい。

〈鳥取県〉

　Some people feel tired after riding on a plane for a long time. They feel more tired if they fly from one *time zone to another. This is called *jet lag. They also sometimes feel （　　）. They get headaches and sometimes have problems about eating and *sleeping.

(注) time zone　時間帯　　jet lag　時差ぼけ　　sleeping　睡眠

ア happy　　**イ** right　　**ウ** sick　　**エ** fine

 こう考える

文章中で「繰り返し出てくる語句」に注目して，前の文までの流れを整理する。

① Some people <u>feel tired</u>

　after riding on a plane for a long time.

　「長い時間，飛行機に乗ったあと，疲れを感じる」

> 繰り返し出てくる〈feel ＋形容詞〉「〜と感じる」に注目する。

② They <u>feel more tired</u>

　if they fly from one time zone to another.

　「別の時間帯に移動すると，もっと疲れを感じる」

③ They also sometimes feel （　　）.

　「ときには（　　）と感じることもある」

> also「〜もまた」があるから，①②までの流れがそのまま続いているとわかる。

> 「疲れている」話だ。

選択肢の中から，これまでの流れに合うものを選ぶ。

ア happy 幸せな
イ right 健康な，正しい
ウ sick 病気の，具合が悪い ← 流れに合うのは sick とわかる！
エ fine 元気な

答え ウ（ときには具合が悪く感じることもある）

入試問題にチャレンジ

答え ➡ 別冊 P.15

1 本文中の（ Ⓐ ），（ Ⓑ ）に入る最も適当な語を，それぞれ下の**ア〜エ**のうちから1つずつ選び，その符号を書きなさい。〈千葉県〉

　In art class we *mix different *paints to make colors. We can do the same thing with light. Do you know what "RGB" means? "R" is red, "G" is green, and "B" is blue. We can make many different （ Ⓐ ） of light by mixing red, green, and blue light. When we want white light, we mix all three. If we want black, we just use no light. A place with
5 no light is （ Ⓑ ） and it looks black. By mixing light, we see colors on TV *screens, computer screens, and *stages.

（注）mix 〜を混ぜる　paint 絵の具　screen 画面　stage 舞台

Ⓐ **ア** colors　　**イ** sizes　　**ウ** ages　　**エ** classes
Ⓑ **ア** strong　　**イ** dark　　**ウ** hot　　**エ** beautiful

Ⓐ ☐　　Ⓑ ☐

2 次の英文が完成するように，文中の①〜③の（ ）内の文字に続く，最も適切な英語を，それぞれ1語ずつ書きなさい。ただし，答えはすべて（ ）内に示されている文字で書き始めるものとします。〈茨城県〉

　Do you know about school lunches? In Australia maybe students can choose any food they like for lunch. But in our school everyone has the ①(s　　　　) meal in the classroom. And we have a different *menu every day. Have you ever ②(e　　　　) Japanese food? You can try it in a school lunch. How ③(a　　　　) coming to our classroom for a school
5 lunch with us?

（注）menu メニュー

① ☐　　② ☐　　③ ☐

ステップで攻略
1つ目の(　　)でしぼって
2つ目の(　　)で決める！

例題2　(　　)が2つ以上のとき

本文中の(　①　)，(　②　)に入る語の組み合わせとして最も適切なものを，下の**ア～エ**から1つ選び，記号で答えなさい。　　　　　　　　　〈宮城県〉

　My dream is to be an *astronaut.　Some people say, "It is too (　①　), so it'll never come true."　I agreed with them before, but I stopped thinking like that.　Today I'm going to tell you about an event that (　②　) my way of thinking.

(注) astronaut　宇宙飛行士

ア　①　different　②　explained　　　**イ**　①　dangerous　②　needed
ウ　①　difficult　②　changed　　　　**エ**　①　moving　②　confused

こう考える

1つ目の(　　)に選択肢をあてはめて，絶対に違う選択肢を消す。

It is too (　①　), so it'll never come true.

「それ(＝夢)は(　①　)すぎるから，決してかなわないだろう。」

ア　different　　違いすぎる　　⇒✕
イ　dangerous　　危険すぎる
ウ　difficult　　難しすぎる
エ　moving　　　感動的すぎる　⇒✕

アとエは「かなわない」とつながらない。

正解はイかウだな。

選択肢をしぼったところで，2つ目の(　　)にとりかかる。

まず，「(　②　)の文の前の文」に着目する。

I agreed with them before, but I stopped thinking like that.

「以前は彼らに同意していましたが，そのように考えるのをやめました。」

　　決してかなわないと思っていた　→　かなわないと思うのをやめた

流れを確認して，2つ目の(　　)に残りの選択肢をあてはめる。

Today I'm going to tell you about an | event | that (　②　) my way of thinking.

「今日，私は私の考え方を(　②　) | できごと | について話すつもりです。」

that 以下が event の説明。

ウ　changed「変えた」
イ　needed「必要とした」　⇒✕

答え　ウ

44

本文中の（　①　），（　②　）にあてはまる語の組み合わせとして最も適切なものを，下の**ア～エ**から１つ選び，その記号を書きなさい。

〈和歌山県〉

Father　：Hi, Hiroshi. We'll have the festival next month. Will you practice *Shishimai* this evening too?

Hiroshi：Well …, yes.

Father　：Can you dance *Shishimai* well?

5　*Hiroshi*：No, I can't. It's difficult to *dance our *Shishimai* well, because it's *unique. Usually two or three people dance together, but in our town five people dance together. So I don't like practicing it.

Father　：Well, you have just started, Hiroshi. You can do it well at the festival if you practice hard. You'll feel good when you dance in front of many people.

10　*Hiroshi*：I think so. I think our *Shishimai* is （　①　）. I hope to dance it well. I can learn a lot from people of different *generations in the *Shishimai* group, but there are only a few junior high school students in it. If many young people *join the group, I can have a lot of fun.

Father　：I see. When I was a child, there were a lot of （　②　） people in the group. We
15　practiced *Shishimai* and talked about many things. We had a good time. But Hiroshi, having fun is not your only *goal.

Hiroshi：What do you mean?

Father　：We had a *purpose in dancing *Shishimai*. It *united the people in our town. We danced together and that made our *ties strong.

（注）*Shishimai* 獅子舞（ししまい）　dance 舞う　unique 独特の　generation 世代　join 参加する
goal 目標　purpose 目的　unite 団結させる　tie きずな

ア　① small　② busy　　**イ**　① great　　② young
ウ　① useful　② old　　**エ**　① important　② interesting

文章中の（　）に入る文はどれ？

ステップで攻略

▶▶▶▶ **直前直後の文から考える！**

例題

本文中の ☐ に最も適する英文を，下の**ア〜エ**から１つ選び，記号で答えなさい。　　〈山形県〉

　Every student in Eiji's class made movies in art class. Each movie was only five minutes long. Eiji thought after the class, "Making movies is the best thing for me. ☐"
When Eiji watched his movies, he was always happy with them.

ア　My friends like to make movies.
イ　I really enjoy making them.
ウ　My friends like the movie actor.
エ　I should finish making them.

こう考える ▶

☐ の前と後ろの文の意味から，選択肢をしぼっていく。

前の文　：Making movies is the best thing for me.
　　　　　「映画をつくることはぼくにとって最高のことだ。」＝エイジ自身の話
　　　　　⇒ ☐ は主語がIの**イ**「ぼくは本当にそれらをつくって楽しむ。」か
　　　　　　　　　　　　　　　　エ「ぼくはそれらをつくり終えるべきだ。」のどちらか。

後ろの文：When Eiji watched his movies, he was always happy with them.
　　　　　「エイジは自分の映画を見ると，いつも楽しくなった。」
　　　　　＝エイジの映画はできあがっている。
　　　　　⇒ **エ**「〜つくり終えるべきだ。」は入らない。

答え　イ

46

答え ➡ 別冊 P.16

次の英文の□に入る最も適当なものを，下の**ア～エ**からそれぞれ１つずつ選び，記号で答えなさい。

(1)　A city library is a good place for your free time.　If you visit it for the first time, it is a good idea to find a *librarian and say, "This is my first time to visit this library. □" Librarians will help you a lot.　They will *show you around, teach you how to find your favorite book, and *borrow it.

（注）librarian(s)　図書館職員　　　show ～ around　～を案内する　　　borrow　借りる　　　〈高知県〉

こう考える ▶　□の前の文から，図書館に初めて来た人が図書館職員に何かをたずねている設定だとわかる。

ア　May I ask you how to get to this library?
イ　How about going to the library?
ウ　Could you tell me how to use this library?
エ　Shall I teach you what to read in the library?

(2)　I was so surprised to hear that and said, "Wonderful!　This old tree has been beautiful for one thousand years."　"Yes, but three years ago it became sick and didn't have *blossoms," he said to me.　I asked him, "□" "People living near the tree took care of it together with a tree doctor," he answered.

（注）blossom(s)　花　　　〈兵庫県〉

こう考える ▶　□の後ろの文はどのようにして木が元気になったかを述べている。

ア　How did this old tree get well again?
イ　Where did people take care of this old tree?
ウ　When did this old tree become sick?
エ　Who lived near this old tree?

例題

ＡとＢの会話が成り立つように，□に入る最も適当なものを，下の**ア～エ**から１つ選び，記号で答えなさい。　　　　　　　　　　　　　　　　　　　　　　　　　〈栃木県〉

A : Hello, I'm Suzuki. I'd like to talk to Mr. Brown.

B : □

ア Speaking. How are you?　　**イ** See you again. Goodbye.

ウ That's all. Thank you.　　**エ** Never mind. I can do it myself.

こう考える

会話文でよく出る表現から，場面を思い浮かべる。

　A : Hello, I'm Suzuki. 「もしもし，スズキです。」

　　　　I'd like to talk to Mr. Brown. 「ブラウンさんをお願いしたいのですが。」

> 「ブラウンさんをお願いしたいのですが。」
> という電話独特の表現から考える。

　B : Speaking. =「（電話で）私です。」が適切。

問題文は
電話での会話
だな！

答え　　**ア**（私です。元気ですか。）

ココ は覚える　電話や会話でよく使われる表現をおさえよう！

● May[Can] I speak to ～?　　「（電話で）～はいますか。」

● Speaking.　　　　　　　　　「（電話で）私です。」

● Sorry, he[she] is out now.　「すみません，彼[彼女]は外出中です。」

● Pardon?　　　　　　　　　　「もう一度言ってください。」

● No, thank you.　　　　　　　「いいえ，結構です。」

次の英文の□に入る最も適当なものを，下の**ア〜エ**からそれぞれ１つずつ選び，記号で答えなさい。

(1) *A*：How was this book?

　　B：It was very exciting. I enjoyed it very much.

　　A：□

　　B：It wasn't so good.　　　　　　　　　　　　　　　　〈北海道〉

　　ア　What time is it now?

　　イ　Where did you read it?

　　ウ　How about that book?

　　エ　Which book did you buy?

(2) *A*：Hello.

　　B：I would like to have a cup of coffee, please.

　　A：OK. □

　　B：No, thank you. That's all.　　　　　　　　　　　　〈長野県〉

　　ア　Will you give me something to drink?

　　イ　Would you like something to eat?

　　ウ　Where are you going to drink it?

　　エ　Could you say that again?

(3) *A*：Let's have lunch now. Do you know a good restaurant near here?

　　B：Pardon?

　　A：□

　　B：Sure. I have a good idea. Let's go.　　　　　　　　〈富山県〉

　　ア　I won't eat lunch today.

　　イ　Do you know a good restaurant near here?

　　ウ　You must be a good teacher.

　　エ　Can we eat lunch tomorrow?

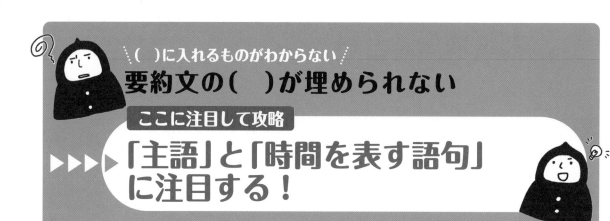

要約文の（　）が埋められない

ここに注目して攻略

▶▶▶▶ 「主語」と「時間を表す語句」に注目する！

例 題

あとの〈要約文〉は，本文の内容をまとめたものである。本文の内容に合うように，文中の（　①　），（　②　）に当てはまる適切な英語1語を書け。　〈高知県〉

　　Takeru is a 15-year-old Japanese boy. A year ago he wasn't interested in learning English. But he joined Ms. Suzuki's English classes last year. That changed his way of thinking about learning English. What *happened to him at the classes?

　　One day in July, Ms. Suzuki said to the students, "In September we will have a love
5 letter *contest in class. All of you will write a love letter in English." Everyone in the class was very surprised to hear that. She said, "There are three *rules. Rule No.1. You have to write a letter in English. Rule No.2. The letter should have three *sentences. Rule No.3. It should be a love letter. You can write to *anyone or *anything you like." One boy said to her, "I don't have any *special girlfriend. Who should I write to?" She
10 said, "I'll tell you again. You can write to your favorite people or things. Even the bike or the tennis racket you use every day will be fine." Everyone in the class understood all the rules and how to write. Ms. Suzuki told them to write a love letter during the summer vacation and bring it to school in September.

　　The first English class in September came. Ms. Suzuki said, "Did you do your homework
15 during the summer vacation? Please put it into this box. I'll make a *handout which has all the letters."

　　At the next class, Ms. Suzuki gave the handout to everyone. Then she asked the students to read all of the letters and *choose the best letter. It was very difficult for the students to choose the best letter, but they really enjoyed reading and choosing. Then
20 she said, "Thank you, everyone. All of your letters are very good. Let's read the best love letter on Friday. Goodbye."

　　Friday came. All the students were so *excited. Soon Ms. Suzuki came into the classroom and said, "Hi, everyone. Are you excited? Do you want to know the best love letter?" Takeru said, "Yes, I do. I couldn't sleep well last night." All of Takeru's friends
25 thought, "What letter will be the best one?" The best love letter was like this:

　　You look so wonderful when you run.

　　Your eyes are beautiful when you look at me.

　　I will always love you if you stay with me.

　　It was Takeru's love letter. He was surprised and couldn't believe it. He wrote to his

³⁰ dog. He really loved it. He thought, "I feel great! I can *express my *feelings and ideas in English." He was so excited.

Since that day, Takeru has studied English very hard. He has learned that writing in English is a lot of fun. Now he is so interested in learning English.

(注) happen　起こる　　contest　コンテスト　　rule (s)　ルール　　sentence (s)　文　　anyone　だれでも
　　　anything　何でも　　special　特別な　　handout　プリント　　choose　選ぶ　　excited　わくわくした
　　　express　表現する　　feelings　気持ち

〈要約文〉

A year ago Takeru didn't （　①　） to learn English. But Ms. Suzuki's English classes changed his way of thinking. He wrote a love letter in English to his dog he loved. And his letter was the best letter of the class at the contest. Ms. Suzuki's classes made him surprised and excited. Now he thinks that it is very （　②　） to learn English.

こう考える

要約文の「主語」と「時間」が一致する部分を本文から探し，その近くの内容を確認する。
① A year ago Takeru didn't （　①　） to learn English.
　　　1年前　　タケルは

> 1年前のタケルについて書かれた部分を探す。

本文1～2行目
A year ago he (＝Takeru) wasn't interested in learning English.
「1年前，　彼 (＝タケル)は 英語を学ぶことに興味がなかった。」
⇒「1年前，タケルは英語を学ぶことが<u>好き</u>ではなかった。」

> 別の表現に言いかえる！

② Now he (＝Takeru) thinks that it is very （　②　） to learn English.
　　今　　彼 (＝タケル)は

> 今，英語を学ぶことについてタケルが思っていることは…。

本文33行目
Now he (＝Takeru) is so interested in learning English.
「今，彼 (＝タケル)は英語を学ぶことにとても興味がある。」
⇒「今，タケルは英語を学ぶことはとても<u>おもしろい</u>と思っている。」

答　え　　① like　② interesting

1 下の〈要約文〉は，知子(Tomoko)のスピーチを聴いた恵美(Emi)がその内容をまとめたものです。
　　[A]，[B] に最も適当な英語を入れて，それぞれの文を完成しなさい。ただし，[A] につい
ては英語1語で，[B] については英語2語で書きなさい。　　　　　　　　　　　　　〈福島県〉

　　I was very happy to be a member of the brass band club. I learned a lot through my
club activity. I want to talk to you about it.
　　When I was a first year student, my friends and I wanted to join a brass band club, but
we didn't have one in our high school. So we asked Mr. Tanaka, our music teacher, to start
5 a brass band club. He became our *adviser. There were 12 students in the club and all the
members were first year students. One day we asked Mr. Tanaka, "What should we do to
play music well?" Then Mr. Tanaka said, "How about *setting a *goal for our club? Let's
hold a concert in August." We said, "Oh, that's a good idea." We practiced hard for the
concert and Mr. Tanaka gave us some good *advice on playing music well. It was a good
10 *experience for us to hold a concert. We enjoyed playing music in front of the *audience.
　　The next spring, new members joined our club. There were now 30 members in our club.
In June, there was a problem. Some members didn't understand the reason for practicing
so hard, so we could not practice *effectively. Then Mr. Tanaka said to us, "I want you to
talk about a plan for practicing and decide the best plan for all of you." So we talked about
15 it and our *relationship got better. We decided to practice harder and enjoyed playing music.
There were also some problems after that, but we *solved them.
　　One year later, the day of the brass band festival came. Before our *performance, Mr.
Tanaka said to us, "Believe you can play well. Enjoy playing music!" We said, "Thank you,
Mr. Tanaka. You always give us good advice." During our performance, we enjoyed playing
20 music very much. We became one of the best clubs at the festival.
　　The next day, Mr. Tanaka told the third year students of the club to come to the music
room. He said, "The festival was your last performance in the club. Your performance was
really great. I'll give you my last message as the adviser of the club. I know playing music
well is very important to you. But I want all of the members to learn how to solve problems
25 through the club activity. Your experience in the club will help you when you have a
problem." Mr. Tanaka was really a good teacher for us. I had a very good time in our club.
　　Now I have a new goal. I want to be a music teacher like Mr. Tanaka.

(注) adviser　顧問　　set ～　～を定める　　goal　目標　　advice　アドバイス　　experience　経験　　audience　聴衆
　　effectively　効果的に　　relationship　関係　　solve ～　～を解決する　　performance　演奏

〈要約文〉

　　When Tomoko and her friends were first year students, they started a brass band club
with Mr. Tanaka. They had some problems in the club activity, but they solved them.
　　On the day of the brass band festival, they [A] Mr. Tanaka for giving them some
words before the performance. Their brass band club became one of the best clubs at
5 the festival.
　　The day after the festival, the third year students of the club [B] to come to the
music room by Mr. Tanaka. He gave them his last message as the adviser of the club.

A は On the day of the brass band festival 「ブラスバンド・フェスティバルの日に」に,
B は The day after the festival 「フェスティバルの次の日」に注目する。

A [   ]   B [¦   ]

2 次の英文を読んで,下の〈要約文〉の(1),(2)にあてはまる適切な英語1語を書け。

〈高知県〉

Daisuke was a 15-year-old school boy. He was in the soccer team in his school. There were many members in the team. All of them practiced soccer very hard. But they had a big problem. They didn't *win any games. They felt sad and worried. They had to do something to win the last game.

5　One afternoon, the team *captain Hideo spoke to Daisuke. Hideo said, "It is difficult for us to win the game. What should we do to win the game? Daisuke, do you have any ideas?" Daisuke said, "Sorry, I don't have any good ideas. But I know that there is one thing to think about. We love soccer. We all want to win the game, and we also want to enjoy it." Hideo answered, "Yes, I think so, too. If we can work together, we can win the game."

10 Daisuke said, "That's right. If we can help *each other during the game, we will win."

A few days later, Daisuke and Hideo watched *a World Cup soccer game on TV together. After the game, a famous player said, "We talked a lot with other players during the game." When Daisuke and Hideo listened to his words, they *found out an important thing. It was to *communicate well with other *teammates during the game. In their team, they didn't

15 do so during the game. Hideo said, "I must tell our teammates tomorrow."

The next day, Hideo said to his teammates, "We have never *won any games. Why?" They said nothing. Hideo said again, "Because we didn't communicate with each other. What do you think?" One member said, "Yeah, you are right. I always *passed the ball to another player without saying anything." All of his teammates thought that Hideo was

20 right. So they made a new *rule — 'Talk to your teammates during the game.'

After months, the last game came. All the team members communicated well with each other. They all had a good time. When the game finished, they looked so happy. Some cried. Daisuke ran to Hideo and said, "We did it!"

(注) win 勝つ　captain キャプテン　each other お互い
　　a World Cup soccer game ワールドカップのサッカーの試合　find out 気づく
　　communicate コミュニケーションを図る　teammate(s) チームメート　won win の過去分詞形
　　pass パスする　rule ルール

〈要約文〉

Daisuke was a member of his school soccer team. His team didn't win any games. At first, his team captain Hideo didn't think that it was (1) for the team to win the game. But Daisuke and Hideo learned something important to do through watching a World Cup game. Hideo told it to all of his teammates. After the last game, all of them were

5 very happy because they all communicated well with each other and enjoyed (2) the game.

1 [   ]   2 [   ]

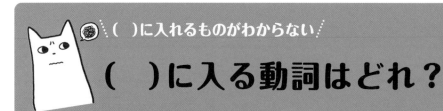

（　）に入る動詞はどれ？

ここに注目して攻略

▶▶▶▶ 「主語」と「時間を表す語句」に注目する！

例題 1 動詞を変形して入れるとき

次の(1)・(2)の英文について，（　）内にあてはまる最も適当なものを，**ア〜エ**から1つずつ選んで記号で答えなさい。

(1) Every child (　　　) a different dream.　　　　　　　　　　〈神奈川県〉
　　ア having　　　　**イ** are having　　　**ウ** have　　　　**エ** has

(2) My father (　　　) Tokyo last week.　　　　　　　　　　　〈栃木県〉
　　ア goes　　　　　**イ** visits　　　　　**ウ** went　　　　**エ** visited

こう考える ▶

文の「主語」と「時間を表す語句」に注目する。

(1) Every child (　has　) a different dream.
　　それぞれの子どもが──
　　＝主語が3人称単数

> 主語が3人称単数で現在の話のときは，動詞に s, es をつける。

(2) My father (　visited　) Tokyo last week.
　　　　　　　　　　　　　　──先週
　　　　　　　　　　　　　　＝過去のこと

> went を入れるには
> Tokyo の前に to が必要！

答え　(1) **エ**（それぞれの子どもが違う夢を持っている。）
　　　　　(2) **エ**（私の父は先週，東京を訪れた。）

意味	現在形	過去形	過去分詞
〜である，〜にいる	am ／ are ／ is	was ／ were	been
始める	begin(s)	began	begun
買う	buy(s)	bought	bought
得る	get(s)	got	got, gotten
行く	go(es)	went	gone
持っている	have ／ has	had	had
聞く	hear(s)	heard	heard
知っている	know(s)	knew	known
つくる	make(s)	made	made
見える	see(s)	saw	seen
読む	read(s)	read	read
話す	speak(s)	spoke	spoken
(写真を)撮る	take(s)	took	taken
教える	teach(es)	taught	taught
思う	think(s)	thought	thought
勝つ	win(s)	won	won
書く	write(s)	wrote	written

入試問題にチャレンジ

答え ➡ 別冊 P.20

次の英文中の(　)内にあてはまる最も適当な語を，下の**ア〜エ**から1つずつ選び，記号で答えなさい。

(1)　One of my friends (　　　) in Tokyo now.　　　　　　　　　　　　〈栃木県〉

　　ア lives　　　**イ** lived　　　**ウ** living　　　**エ** live

(2)　He (　　　) the school's English speech *contest last year.

　　(注) contest　コンテスト　　　　　　　　　　　　　　　　　　　　〈沖縄県〉

　　ア win　　　**イ** wins　　　**ウ** winning　　　**エ** won

▶▶▶▶過去分詞か ing 形を選ぶ！

例題2　（　）の前が名詞のとき

次の会話文について，（　　）に入る最も適当なものを，**ア～エ**から1つ選び，記号で答えなさい。

〈島根県〉

A : You have a very old book.
B : This is a book (　　　) about 70 years ago.
　　ア write　　**イ** wrote　　**ウ** written　　**エ** writing

こう考える▶

①文の動詞（ここでは is）はある。　　　▶「過去分詞」か「ing 形」にする！〔分詞の形容詞的用法〕
②名詞のあとに動詞が入る。

　　This　is　a　book（　written　）about 70 years ago.
　　　　　　　　　　本　　　　　約70年前に書かれた

a book ~~writing~~ about 70 years ago は，「約70年前に書いていた本」となり，意味が通らないので×

答え　**ウ**（これは約70年前に書かれた本だ。）

ココは覚える

●現在分詞の形容詞的用法「～している□□」
例） The boy | playing the guitar is John.
　　　　　「ギターをひいている 男の子 はジョンだ。」
●過去分詞の形容詞的用法「～されている〔された〕□□」
例） The cars | made in Japan are popular in the world.
　　　　　「日本でつくられた 車 は世界で人気がある。」

入試問題にチャレンジ　　答え ➡ 別冊P.20

次の文の（　　　）の中に入れるのに最も適するものをあとの1～4の中から1つ選び，その番号を書きなさい。

〈神奈川県〉

Look at the birds (　　　) in the sky.
1. are flying　　2. flying　　3. were flying　　4. flies

テクニックで攻略

▶▶▶▶ 動名詞か不定詞を選ぶ！

例題3 （　）の前が動詞のとき

次の英文を最も適切な表現にするには，（　　　）内のどれを用いたらよいか。　〈栃木県〉

We enjoyed（　　　）the movie.
ア watch　**イ** watched　**ウ** to watch　**エ** watching

こう考える▶

動詞による，動名詞（〜ing）と不定詞の使い分けからどちらかを選ぶ。

We enjoyed（　watching　）the movie.

> enjoy のあとに動詞がくる
> 場合，必ず動名詞になる。

答え **エ**（私たちは映画を見て楽しんだ。）

ココ は覚える

●動名詞を目的語にとる動詞
　enjoy 〜ing 「〜して楽しむ」　　finish 〜ing 「〜し終える」
●不定詞を目的語にとる動詞
　want to 〜 「〜したい」　　hope to 〜 「〜することを望む」
　decide to 〜 「〜すると決心する」

入試問題にチャレンジ

答え ➡ 別冊 P.20

次の英文について，（　　　）に入れるのに最も適切なものを，**ア〜エ**のうちから1つ選んで，その記号を書きなさい。　〈沖縄県〉

I like（　　　）a letter to my grandfather.
ア written　**イ** wrote　**ウ** writing　**エ** write

＼（ ）に入れるものがわからない／

（ ）に入る疑問詞はどれ？

ヒントを見つけて攻略

▶▶▶▶ 答えの文から導き出す！

例 題

次の会話文の（ ）に入る最も適当な語を，下の**ア〜エ**から１つ選び，記号で答えなさい。〈栃木県〉

A：（ ） did you go to the concert?
B：I went there by train.
ア When　　**イ** Why　　**ウ** How　　**エ** Who

 こう考える ▶

「答えの文」から「A が知りたいこと」を探す。 ◁ ┤答えの文にある「新情報」が「A が知りたいこと」。

質問の文　「 ＿＿＿ あなたはそのコンサートに行ったのですか。」
　　　　　　↓　 ＿＿＿ did you go to the concert?
答えの文　I went there (by train).
　　　　　　　　　　新情報＝「A が知りたいこと」
　　　　　「私は そこに (電車で) 行きました。」

「A が知りたいこと」をたずねるための疑問詞を決める。
⇒「交通手段」をたずねる疑問詞は how

┤疑問詞の意味と使い方はおさえておこう。

答 え　**ウ**（どうやってあなたはそのコンサートに行ったのですか。）

┤A は「交通手段」が知りたかったんだな。

what	何，何の（もの）	why	なぜ（理由）
who	だれ（人）	how	どのように，どんな（手段・方法，状態，程度）
whose	だれの，だれのもの		
when	いつ（時）	how many	いくつの（数）
where	どこ（場所）	how old	どのくらい古い（年齢・古さ）
which	どれ，どちらの	how long	どのくらい（期間）

入試問題にチャレンジ

答え ➡ 別冊 P.20

1 次の会話文の（　　）に入る最も適当なものを，下の**ア〜エ**からそれぞれ1つずつ選び，記号で答えなさい。

(1) *A* :（　　）is the purpose of your trip?

B : Sightseeing.　　　　　　　　　　　　　　　　　　　　　　　　　〈島根県〉

ア What　**イ** How　**ウ** When　**エ** Who

(2) *A* : Do you know（　　）*Envoys there are in the world?

B : Well, I hear there are about 1,300 Envoys all over the world.

（注）Envoy　大使　　　　　　　　　　　　　　　　　　　　　　　　〈富山県〉

ア that　**イ** what　**ウ** how many　**エ** how much

2 次の対話が成り立つように，□に入る英語1語をそれぞれ書きなさい。ただし，□内に示された文字で始まる語とすること。

(1) *A* :｜W　　　｜ is your birthday?

B : It's April 10.　　　　　　　　　　　　　　　　　　　　　　　　〈北海道〉

(2) *A* : Let's go.

B : Wait. There is a bag here. ｜W　　　｜ bag is this?

A : Oh, it's mine. Thank you for telling me.　　　　　　　　　〈岩手県〉

例題

次の(1)・(2)の英文について，（　　　）に入れるのに最も適当な語を，下の**ア**〜**エ**からそれぞれ1つずつ選び，記号で答えなさい。

(1)　He plays the guitar（　　　）than I.
　　　ア well　　　**イ** best　　　**ウ** most　　　**エ** better　　　〈沖縄県〉

(2)　School starts（　　　）September in Canada.
　　　ア in　　　**イ** on　　　**ウ** at　　　**エ** with　　　〈栃木県〉

こう考える▶

パターンで考える。
比較のパターン
①asがあれば原級を入れる。
　〈as ＋原級＋ as 〜〉「〜と同じくらい…」
②thanがあれば比較級を入れる。◀ (1)には than があるから
　〈比較級＋ than 〜〉「〜より…」　　　このパターンを使う。
③theや of[in]があれば最上級を入れる。
　〈the ＋最上級＋ of[in]〜〉「〜で最も…」

⇒(1) He plays the guitar（　better　）than I.
　　　　　　　　　well の比較級　　　◀ 原級は well，最上級は best。

答え　(1)　**エ**（彼は私より上手にギターを弾く。）

60

時の前置詞「～に」のパターン
①時刻があれば at を入れる。
②日付があれば on を入れる。
③月・季節・年があれば in を入れる。

Septemberは
9月だね…。

⇒(2) School starts （ in ） September in Canada.
　　　　　　　　　　　　　　月

答え　(2)　**ア（カナダでは学校は9月に始まる。）**

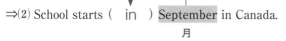

入試問題にチャレンジ

答え ➡ 別冊 P.21

次の英文の（　　）に入れるのに最も適当なものを，下の**ア～エ**からそれぞれ1つずつ選び，記号で答えなさい。

(1) This flower is （　　） as that flower.　　　　　　　　　　〈栃木県〉
　　ア pretty　**イ** as pretty　**ウ** prettier　**エ** the prettiest
　　こう考える （　）の直後にある as をヒントに考えよう。

(2) *A*：What time did you come here?
　　B：（　　）6:30.　　　　　　　　　　　　　　　　　　〈岩手県〉
　　ア To　**イ** In　**ウ** On　**エ** At
　　こう考える 「6時30分」と「時刻」が続いている。

(3) I visited Nara （　　） November 24, 2011.　　　　　　　〈神奈川県〉
　　ア on　**イ** in　**ウ** at　**エ** for
　　こう考える 月や年が入っているけれど，November 24, 2011 は「日付」。

(4) I think this racket is （　　） of all.　　　　　　　　　　〈栃木県〉
　　ア well　**イ** good　**ウ** better　**エ** the best

(5) My father played golf （　　） the first time.　　　　　　〈沖縄県〉
　　チャレンジ 「初めて」という意味を表す語句を考える。
　　ア in　**イ** for　**ウ** to　**エ** of

語句の並べかえができない

ステップで攻略

▶▶▶▶ **（　）の中でセットにできるものを探す！**

例 題

（　　　）内の語を並べかえて，意味のとおる英文にしなさい。

This is (about / taken / fifty / a / ago / picture / years).　　　　〈鳥取県〉

こう考える ▶

いきなり文をつくるのではなく，
組み合わせることができそうな単語を探して，「小さなまとまり」をつくる。

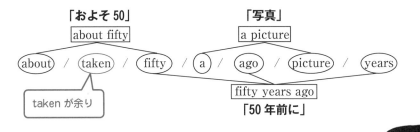

「**およそ50**」　　　　「**写真**」
about fifty　　　　　a picture
about ／ taken ／ fifty ／ a ／ ago ／ picture ／ years

taken が余り

fifty years ago
「**50年前に**」

自由に組み合わせて
みよう。

まとまり同士をさらに組み合わせて，大きなまとまりにする。

about fifty years ago　a picture　taken

「**およそ50年前に**」　　「**写真**」　「？？？」

余った語句の使い道を考える。
　taken（過去分詞）の使い道
　① 現在完了形　　　　：have［has］＋過去分詞
　② 受動態　　　　　　：be動詞＋過去分詞
　③ 分詞の形容詞的用法：過去分詞＋名詞／名詞＋過去分詞
　⇒名詞 a picture を過去分詞 taken で説明する形が使える。

つくったまとまりを組み合わせて文にする。

a picture （taken） about fifty years ago

「写真」 　　「およそ50年前に撮られた」

答え （This is）a picture taken about fifty years ago（.）
（これはおよそ50年前に撮られた写真だ。）

重要構文にあてはめてまとまりをつくる！
構文を知っているだけで，まとまりをつくれることもある。

①〈one of the ＋最上級＋複数形の名詞〉
　「最も〜な…のうちの1つ」
　例）Kyoto（ the most / is / cities / one of / beautiful ）in Japan.
　　　　　　　 the＋最上級　　複数形の名詞　one of
　　　⇒（Kyoto）is one of the most beautiful cities（in Japan.）
　　　（京都は日本で最も美しい都市の1つだ。）

②〈It is ＋形容詞（＋ for 〜）＋ to ＋動詞の原形 … .〉
　「…することは（〜にとって）—だ。」
　例）It is（ write / for me / to / difficult ）.
　　　　　　 動詞の原形 for 〜　　　to　　形容詞
　　　⇒（It is）difficult for me to write（.）
　　　（書くことは私にとって難しい。）

1 ( )内の語(句)を並べかえて，意味のとおる英文にしなさい。

(1) (change / at / you / Tokyo / trains / must) Station.　　　〈山形県〉

(2) I'll give (eat / to / you / something).　　　〈石川県〉

(3) We (friends / since / been / good / have) we were in junior high school.　　　〈熊本県〉

(4) Do you remember (were / Olympics / where / held / the) last year?　　　〈秋田県〉

(5) She (an / working in / brother / has / older) Canada.　　　〈佐賀県〉

2 日本文と同じ意味を表すように，( )の中の語(句)を並べかえて英文を完成させ，その並べかえた記号をすべて書きなさい。ただし，それぞれ使用しない語が1語あります。　　　〈沖縄県〉

(1) 母はいつも部屋をきれいにしておきます。
My mother (**ア** clean **イ** keeps **ウ** tells **エ** always **オ** the room).

(2) 先生は私たちにその本を読んでほしいと思っていました。
Our teacher (**ア** thought **イ** us **ウ** read **エ** to **オ** wanted) the book.

3 次の会話文について，（　）の中の語(句)を並べかえ，意味のとおる英文にしなさい。

(1) A：What did you do last night?
　　B：I (ten / my / did / until / homework) o'clock. 〈青森県〉

（枠）

(2) A：Do you know the old building in this picture?
　　B：Yes. It is (which / loved / a famous shrine / by / is) many people. 〈島根県〉

（枠）

(3) A：I want to make this origami bird. Could you show (to / how / me / it / make)?
　　B：OK. 〈富山県〉

（枠）

4 次の会話文が完成するように，（　）内の5つの語の中から4つを選んで正しい順序に並べかえ，その順に番号を書きなさい。(それぞれ1つずつ不要な語があるので，その語は使用しないこと。) 〈神奈川県〉

(1) A：We can't live without water.
　　B：That's right. Water (1. important / 2. is / 3. most / 4. many / 5. the) thing on the earth.

（枠）

(2) A：What's that in your hand?
　　B：This is an eraser. (1. say / 2. call / 3. it / 4. we / 5. *keshigomu*) in Japanese.

（枠）

(3) A：What kind of teacher is your sister?
　　B：She is a music (1. by / 2. during / 3. teacher / 4. her / 5. loved) students.

（枠）

並べかえができない
英文の並べかえがややこしい

ここに注目して攻略

▶▶▶▶ 「接続詞」と「代名詞」が
決め手！

例題

下の**ア〜ウ**は，いずれも文中の□に入る英語です。**ア〜ウ**を意味が通るように最も適当な順に並べかえ，その記号を書きなさい。　　〈岩手県〉

　One day *not long after, the old man's son was trying to ride one of the *horses. He fell off the horse and broke his *leg. "Oh, you have bad *luck! Who will help you?" said the *villagers. The old man said, "You say bad luck? *Nobody knows. It may be good luck."
　Not long after that, a *war began near the *border, and an *army came through the village. ☐☐☐☐☐☐

(注) not long after　しばらくして　　horse 馬　　leg 脚　　luck 運　　villager(s) 村人　　nobody だれも〜ない
　　war 戦争　　border 国境　　army 軍隊

ア　But at that time, the old man's son had a broken leg.
イ　So, the army didn't take him to the war.
ウ　The army tried to take all the young men to the war.

こう考える

接続詞から文同士の前後関係を確認する。

> 文⇒接続詞⇒文
> の関係がポイント。

　ア　but 「しかし」⇒前後は，『逆接』関係になる！
　イ　so 「それで」⇒前後は，『原因→結果』関係になる！

この関係をもとに，文の順番を考える。

　ア　But at that time, the old man's son had a broken leg.
　　　「しかし，そのときその老人の息子は脚を骨折していた。」……原因
　イ　So, the army didn't take him to the war.　　　⇒ **ア→イ**
　　　「それで，その軍隊は彼を戦争に連れていかなかった。」──…結果
　ウ　The army tried to take all the young men to the war.
　　　「その軍隊は，すべての若い男たちを戦争に連れていこうとした。」　逆接 ⇒ **ウ→イ**

> ウとイが『逆接』の関係なので，間に but (＝ア) が入る。

「冠詞」「代名詞」に着目して前後の関係を確認する！

① 冠詞に着目！

□ の直前の文 = ... and <u>an army</u> came through the village.

ウ <u>The army</u> tried to take all the young men to the war.

> 単数形の名詞には，初めて出てきたときには a[an]，2回目以降には the がつく。

② 代名詞に着目！

ア But at that time, | the old man's son | had a broken leg.

|| (=)

イ So, the army didn't take | him | to the war.

> 代名詞はそれよりも前に出た名詞を指す。

答え　**ウ→ア→イ**

入試問題にチャレンジ

答え ➡ 別冊 P.22

英文中の □ の中に下の A 〜 C の3つの文を入れるとき，A 〜 C を並べる順番として最も適するものは1〜6のどれか，その番号を書きなさい。　〈神奈川県〉

Why is eating breakfast every morning very important? □ They also say they can't get up *early. If you have friends who say such things, please say to them, "We should get up early and eat breakfast every day."

(注) early　早く

A　But some students don't eat it.
B　They say they don't have time for it.
C　Because we can study harder if we eat breakfast.

1.　A → B → C　　2.　A → C → B　　3.　B → A → C
4.　B → C → A　　5.　C → A → B　　6.　C → B → A

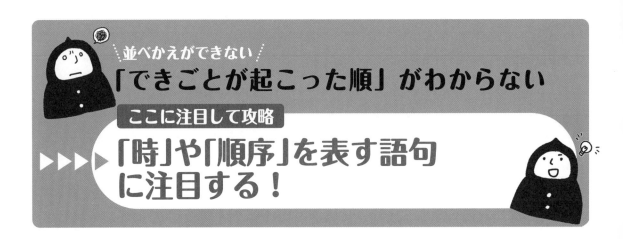
例題

あとの**ア**〜**エ**の各文は，本文の中で起こったできごとを表している。本文の内容に合うように**ア** 〜**エ**を起こった順番に並べかえて，その記号を書け。 〈愛媛県〉

    One day in September, Mr. Suzuki, an English teacher, took a new *foreign English teacher to Yuki's class. He said, "This is Mary, your new *ALT. Mary, this is your first class, so could you talk about yourself?" Mary said, "OK. Nice to meet you, everyone. I'm Mary. I'm from Australia. I learned Japanese in college in Australia. I'm very excited to
5 work as an ALT. Let's enjoy today's English class."

    A few weeks later, Mary talked with her friend, Lucy. Lucy said, "Do you like music, Mary?" "Yes, of course," said Mary. Lucy said, "I've practiced the *koto for about three months. I feel very *relaxed when I'm playing it." Mary said, "I want to practice it, too, Lucy." "You can practice it with me next Saturday," said Lucy. "Really? I'm happy to
10 hear that," said Mary.

    The next Saturday, Mary had her first koto *lesson. After that, she talked with Lucy's Japanese friend, Naoko. Naoko said, "Some *foreigners are practicing the koto for an *international festival. It'll *be held in January next year. Why don't you join them, Mary?" "Sure. I'll practice the koto hard for the festival," said Mary.

15 One day in December, Mary talked about the international festival in Yuki's English class. Mary said, "I'll play the koto with my friends at the festival, so I'm practicing it very hard now. Many foreigners will come to the festival. You can talk to them and learn a lot of things about their countries there." "That sounds interesting. I'll ask my friends to go there with me," Yuki thought.

20 One month later, Yuki and her friend, Rika went to the festival. They found Mary. She was wearing a kimono. "You're beautiful, Mary," said Rika. "Thank you, Rika. My friends and I will play the koto soon. I'm very *nervous," said Mary. "Don't worry, Mary. You've practiced the koto very hard. Please enjoy playing the koto," said Yuki. "Thank you, I will," said Mary. Their *performance was very good. Yuki and Rika took
25 some pictures with Mary after the performance.

    There were many kinds of foods from different countries at the festival. Mary made *cookies at home and brought them to the festival. Yuki and Rika ate some of her cookies and they were very good. They also ate curry made by people from *India for lunch. It was a little *hot, but very good.

30　After lunch, Yuki and Rika talked with Mary's friends in English. Mary helped Yuki and Rika, so Yuki and Rika understood them and learned some things about cultures of their countries. Yuki and Rika enjoyed the festival very much.

　　Yuki came home and talked about the festival with her mother and father. Her mother said, "Yuki, you had a very good *experience at the festival." Yuki said, "There
35　were a lot of people from other countries at the festival. They learned about Japanese culture. Now I want to learn more about Japanese culture, too." "You should know more about Japanese culture. It's also important when you want to understand cultures of other countries better," said her father.

（注）foreign　外国の　　ALT　外国語指導助手　　koto　こと（箏）　　relaxed　くつろいだ　　lesson　けいこ, レッスン
　　foreigner(s)　外国人　　international　国際的な　　be held　開催される　　nervous　緊張した
　　performance　演奏　　cookie(s)　クッキー　　India　インド　　hot　からい　　experience　経験

　ア　Yuki took some pictures with Mary after Mary played the koto.
　イ　Yuki heard about the international festival from Mary.
　ウ　Yuki talked about the international festival with her parents at home.
　エ　Yuki learned about cultures of other countries from Mary's friends.

こう考える

まず，選択肢の内容を確認する。
　ア　「ユキはメアリーがことを演奏したあと，メアリーと何枚かの写真を撮った。」
　イ　「ユキは国際的な祭典についてメアリーから聞いた。」
　ウ　「ユキは家で，その国際的な祭典について両親と話した。」
　エ　「ユキは外国の文化についてメアリーの友達から学んだ。」

「時」や「順序」を表す語句に注目しながら，選択肢と同じ内容の文を探す。
　　第4段落　　One day in December　「12月のある日」
　　　できごと：Mary talked about the international festival ～
　　　　　　　　「メアリーは～国際的な祭典について話した」⇒イ
　　第5段落　　One month later　「1か月後」＝「（12月のある日から）1か月後」
　　　できごと：Yuki and Rika took some pictures with Mary after the performance.
　　　　　　　　「ユキとリカは演奏のあとでメアリーと何枚か写真を撮った。」⇒ア
　　第7段落　　After lunch　「昼食後」＝「（国際的な祭典の会場での）昼食後」
　　　できごと：Yuki and Rika talked with Mary's friends ～ and learned some things about cultures
　　　　　　　　of their countries.
　　　　　　　　「ユキとリカはメアリーの友達と話して～彼らの国の文化について学んだ。」⇒エ
　　第8段落　　Yuki came home and　「ユキが家に帰って」＝「（祭典から）帰宅後」
　　　できごと：Yuki ～ talked about the festival with her mother and father.
　　　　　　　　「ユキは～その祭典について母親と父親に話した。」⇒ウ

答え　イ→ア→エ→ウ

あとの**ア〜エ**の文を，本文の内容の流れに沿って並べ，順に記号を書け。　　　〈東京都〉

Mary was a junior high school student. Her family loved swimming. Her two brothers, John and Tom, were the best *swimmers in the city. Her parents were P.E. teachers. Mary, the youngest child in the family, was very good at swimming, too. She practiced swimming every day after school at a swimming club in the city. She had a *rival there.
5 Her name was Betty. She swam almost as fast as Mary, but Mary always swam faster than Betty. She never *defeated Mary in a *race. They knew each other, but they didn't talk much. Both Mary and Betty always wanted to swim faster than each other.

One day, Mary was defeated by Betty in a race. That was a first experience for her. She *was shocked. After the race, Mary wasn't able to *improve her times. First, she
10 began to practice harder. Then she asked her coach to tell her other ways to practice swimming. She followed each of them. But that didn't work. She didn't know what to do. Betty also practiced hard, and improved her times. Mary stopped going to the swimming club.

Mary's family worried about her. They gave her some *advice. Her mother said to her,
15 "Everyone has had an experience like that." Her father said to her, "Don't worry. Just keep practicing, and your times will get better soon." Her brother John said to her, "Why don't you try some other sports? I think that will help you." Her brother Tom said to her, "I think you should try swimming slowly. Try thinking about your swimming *form. I sometimes practice that way when I get into a deep *slump." Mary understood what they felt for her.
20 But she didn't go to practice. Every day after school, she just stayed home. She wondered what she should do with her life.

Two weeks later, a letter arrived for Mary. She opened it. It was from Betty. She was surprised to get a letter from Betty. She started to read it.

Dear Mary,
25 　I haven't seen you for two weeks. Are you all right? I miss you very much. I always wanted to swim faster than you, but now I can't practice as hard as before. I've found I really need you. Please come back to the club again!

　　　　　　　　　　　　　　　　　　Yours,
　　　　　　　　　　　　　　　　　　Betty

30 When Mary read the letter, she was happy to learn that she was important to Betty, and she remembered some things.

"When Betty was practicing hard and improved her times, I wanted to practice more. When I made a new *record in a swimming race, John and Tom were very happy. When I was able to swim twenty-five meters for the first time, my father got more excited than
35 I."

Mary knew her family always helped her. She thought, "I was able to keep swimming because of my family's help. And I have a good rival who practices swimming with me." She decided to swim again.

The next day, Mary went to the swimming club. Other swimmers said some kind

⁴⁰ things to her. She saw Betty. Betty said to Mary, "Let's practice together!" and smiled.
Mary was very glad to see her again.

For six months, Mary practiced very hard with Betty. Then she made a new record in
a race. Mary was very happy. She knew that she and Betty were good friends. And that
made her happier.

（注）swimmer　水泳選手　　rival　ライバル　　defeat　負かす　　race　競争　　be shocked　ショックを受ける
　　　improve　更新する　　advice　助言　　form　フォーム　　slump　不調　　record　記録

ア　After practicing very hard with Betty for six months, Mary made a new record in
　　a race.
イ　Betty swam almost as fast as Mary, but Betty never swam faster than Mary.
ウ　Mary didn't go to practice for two weeks, and she got a letter from Betty.
エ　Betty defeated Mary in a race for the first time, and Mary was shocked.

英語に英語で答えるなんて無理

ヒントを見つけて攻略

▶▶▶▶ 質問から答え方を決める！

例題

次の英文は，高校生の裕美(Yumi)が，「総合的な探究の時間」で取り組んだ内容について書いたスピーチの原稿です。これを読んで，あとの質問に英語で答えなさい。　　　　〈和歌山県〉

　　Have you ever *taken a *low-floor bus? Some people will say, "Yes," but other people will say, "No." A few months ago, my grandmother and I took a low-floor bus to go to the library. Riding a low-floor bus was the first time for me.

　　My grandmother usually takes a low-floor bus because she has a problem with her
5 *knees. It is hard for her to *get on a *bus with steps.

　　When I was on the low-floor bus, some old people *came onto the bus. There were no steps on the bus, so they could get on the bus *easily. I *thought that the low-floor bus was *designed very well for old people.

　　Two weeks later, in class we had a chance to think about life in our city. Our teacher
10 said to us, "In our city, there are many good *projects. These projects make our life better. Now I want you to talk about some of the projects." Then we started talking about them in groups.

　　In my group, we talked about the low-floor bus. I said, "The low-floor bus is designed well for old people." Everyone in my group looked interested in the low-floor bus. One
15 student said, "I didn't notice that the low-floor bus was so useful for old people. There are many old people in our city. We should have more low-floor buses for them." Then another student said, "I don't think the low-floor bus was designed only for old people. We should get more information about the low-floor bus. Let's go to *City Hall after school."

　　At City Hall, we talked to a man there and asked him questions about the low-floor bus.
20 He said to us, "The low-floor bus is not only for old people. It's designed for other people too. We should think about everyone living in our city. We need more things designed for everyone." Babies, children, young people and old people are living in our city. Some people are *physically challenged. We sometimes *care about only *ourselves but we should care about those people too.

25 　　As a person living in this city, I want to make everyone happy. It's important for us to think about things from other people's *points of view. That's the thing I learned in this class. Let's work together to have a better life in our city.

(注) taken　take の過去分詞形　　low-floor bus　　低床バス(昇降口にステップ(踏み段)のないバス)　　knee　ひざ
　　　get on ～　～に乗る　　bus with steps　ステップのあるバス　　come onto ～　～に乗り込む　　easily　容易に

thought　thinkの過去形　　design　デザインする，設計する　　project　プロジェクト（事業）　　City Hall　市役所
physically challenged　身体に障害のある　　care　気づかう　　ourselves　私たち自身　　point of view　視点

（質問）Why did the members of Yumi's group go to City Hall?

こう考える ▶

質問に使われている疑問詞から答えの文の形を決める。

質問の文：「 Why did the members of Yumi's group go to City Hall?
　　　　　　なぜ　　裕美のグループのメンバーは市役所に行ったのですか。

Why「なぜ」と質問されたら
① To ＋動詞の原形 〜.　　　「〜するため。」
② Because ＋主語＋動詞 〜.　「なぜなら〜だから。」
の形で答える。

本文から，答えの中身を探す。

本文18行目：Let's go to City Hall after school.　◁──[市役所に行くことが
　　　　　　　「放課後市役所に行こう。」　　　　　　　　決まったところ。]
↓

その前の文：We should get more information about the low-floor bus.
　　　　　　「私たちは低床バスについてのより多くの情報を得るべきだ。」

答えの文の形にあてはめる。

①「〜するため。」
　To get more information about the low-floor bus.
　「低床バスについてのより多くの情報を得るため。」
②「なぜなら〜だから。」
　Because they wanted to get more information about the low-floor bus.
　「なぜなら，低床バスについてのより多くの情報を得たかったから。」

答 え　To get more information about the low-floor bus./
　　　　Because they wanted to get more information about the low-floor bus.

1 次の英文は，中学生の浩(Hiroshi)が，高校生の直人(Naoto)とサイクリング(cycling)に出かけた
ときのことを書いたものである。この英文を読んで，下の質問に対して，英語で答えなさい。〈静岡県〉

　　　Naoto is a high school student and lives near my house. I like him and call him Nao-san.
He loves *road bikes and cycling.
　　　One day last September, I asked Nao-san to go cycling together. He smiled and said, "OK.
Next Saturday, I'm going to go to the lake on the mountain by bike. It's a very beautiful
5 place. Have you ever been there before?"　"No," I answered. "Then you should go with
me. Do you have a road bike?"　"No, Nao-san. My bike isn't a road bike."　He said, "I will
use my father's road bike, so you can use mine. Let's enjoy cycling together."
　　　Saturday came. "Hiroshi, first, we're going to go through the town. Let's go."　Nao-san
and I started our trip. About an hour later, we went out of the town and took our first
10 *rest. I said, "Your road bike is very nice. I can go fast on your bike. It's not so hard."
He answered, "That's good. It was easy to go through the town. But from now it will be
harder to go up the mountain. We should take two or three rests before getting to the lake."
I said, "I'll be fine when we go up the mountain, so I won't need any rests."
　　　Nao-san and I started to go up the mountain. Cycling with him started to become harder.
15 I really wanted to rest, but I couldn't say it to Nao-san, so we didn't stop.　About two hours
later, we could see the lake *at last. He said, "We'll get to the lake soon."　*Suddenly, my
*legs couldn't move because I became so tired, and I *fell over. "Are you OK?"　Nao-san
asked. "Yes, but I made a big *scratch on your road bike. I'm sorry, Nao-san."　"Don't worry
about it."　Then, we took a long rest. After that, we walked to the lake with our bikes.

(注) road bike　高速走行に特化した自転車　　rest　休憩，休憩する　　at last　ついに，ようやく　　suddenly　突然
　　　leg(s)　足　　fell over　fall over(転ぶ)の過去形　　scratch　傷

(1)　Whose road bike did Hiroshi use on Saturday?

（解答欄）

(2)　How many times did Hiroshi and Naoto rest before coming to the lake?

（解答欄）

2 次の英文を読んで，下の(1)，(2)の質問に，それぞれ指定された語数の英文で答えなさい。ただし，符号(, . ? ! など)は，語数に含まれないものとします。　　　　　　　　　〈茨城県〉

　　Tomoko likes English very much. She can speak English very well. Her father can also speak English very well because he is an English teacher. She wants to be like her father.

　　One day Tomoko went shopping in Mito with her father. At Mito Station she saw two foreign people. They were speaking English and looking at a map. She said to them, "Hello!
5 Can I help you?"

　　One of them looked at Tomoko and said, "Yes, please. Could you tell us how to get to *Kairakuen? We hear it is a very beautiful park."

　　"Take a bus at the *bus stop over there," answered Tomoko. "Thank you very much," they said, and smiled. "You're welcome," Tomoko said, and felt great. "Any other questions?"
10 she continued. *The other person said, "Do you know who made Kairakuen? When was it made?"

　　Tomoko understood his English, but she could not answer his questions. Then Tomoko's father helped her and answered him in English. Tomoko's father and the two foreign people enjoyed talking about the history of Kairakuen. She felt very sad because she did not know
15 anything about its history and she could not join them.

　　When they came home, Tomoko's father asked her, "What's wrong? You look very sad." She said to him, "I think I can speak English, but I couldn't tell them about my own town." Her father said, "I have something to show you. Come with me."

　　In his room, she found a lot of books about English and foreign cultures. But there were
20 also many books about Japanese culture, tradition and history. Tomoko asked her father, "Did you read all of these books?"

　　Her father answered, "Yes, of course. Now you know why I could answer the questions about the history of Kairakuen." Her father continued, "It is very important for us to study English because English is a language used around the world, but it is also important for
25 us to learn about our own country. Japan is our own country. It is a country we can be proud of." Tomoko said, "I have wanted to speak English very well like you. But now I want to tell people from abroad about Japan in English like you." Tomoko decided to study English harder and learn more about Japan.

（注）*Kairakuen* 偕楽園　　bus stop　バス停留所　　the other person　もう一方の人

(1)　Who could answer the questions about the history of *Kairakuen*?（3語以上）

(2)　What did Tomoko decide to do to be like her father?（9語以上）

英作文が書けない
絵に合わせて作文するのがニガテ

ステップで攻略

▶▶▶▶ 絵を簡単な日本語で説明する！

例題

下の絵は，知美(Tomomi)と母親が会話をしている場面である。絵を参考に(1)，(2)に適切な英語を入れなさい。〈栃木県〉

Mother ：What happened?
Tomomi： ＿＿＿＿＿＿(1)＿＿＿＿＿＿ ．
Mother ：Don't worry. ＿＿＿＿＿(2)＿＿＿＿＿＿ ．

こう考える

絵の内容を簡単な日本語で説明する。

> 空所の前後に注意して，
> 絵の特徴を日本語で整理してみよう。

知美：かばんがなくて困っている。
母親：かばんがいすの下にあることを知っている。

英文にしやすい日本語でセリフをつくる。

> このときに，必ず主語をつけて
> 考えよう！

知美：「私は私のかばんを見つけることができない。」
　　　「私は私のかばんを探している。」など
母親：「それはいすの下にある。」
　　　「私はそれをいすの下で見た。」など

日本語を簡単な英文にする。

知美：「私は私のかばんを見つけることができない。」
　　⇒I can't find my bag.
　　「私は私のかばんを探している。」
　　⇒I'm looking for my bag.

母親：「それはいすの下にある。」
　　⇒It is under the chair.
　　「私はそれをいすの下で見た。」
　　⇒I saw it under the chair.

難しい英語で
書こうとすると，
ミスが増えちゃう
かも…。

答え　(1)〔例〕I can't find my bag(.)（私は私のかばんを見つけることができない。）
　　　　(2)〔例〕It is under the chair(.)（それはいすの下にある。）

入試問題にチャレンジ

答え ➡ 別冊 P.27

1 次の(1)，(2)の対話について，A の問いに対する B の答えが，絵の内容に合う英文になるように，□にあてはまる最も適当な英語 1 語を，それぞれ語群から選んで書きなさい。　〈北海道〉

(1)　A：What's the boy doing?
　　B：He's playing □　.
　　［語群］
　　badminton　volleyball　basketball　soccer

(2)　A：How many books arc thcrc?
　　B：There're □　books.
　　［語群］
　　two　three　four　five

2 下の絵において，対話が成り立つように，男子生徒のせりふの中の□□に5語以上の英文を書け。

〈鹿児島県〉

┌───┐
│   │
└───┘

3 下の2枚の絵は，次郎(Jiro)のある日のできごとを表したものである。**場面A**から**場面B**に続くこの2枚の絵を見て，それぞれの場面を説明する適当な英文を，次の〔注意〕にしたがって書きなさい。

〈香川県〉

〔注意〕　①**場面A**から**場面B**に続くストーリーとなるように書くこと。
　　　　②**場面A**，**場面B**の説明は，それぞれ2文で書き，各場面の1文目については，与えられた語に続けて書くこと。
　　　　③英文1文の語数は，与えられた語を除いて5語以上とし，ピリオド，コンマなどの符号は語として数えない。

場面A　　　　　　　　　　　　　　**場面B**

場面A

Jiro _____.
_____.

場面B

Jiro _____.
_____.

4 ここにAからDへと続く4枚の絵があります。それぞれの絵の内容を，読む人にわかりやすく伝えられるよう，　①　～　④　にあてはまる英語をそれぞれ1文または2文で，書き表しなさい。ただし，それぞれの　　内に示されている英語で文を始めること。　　　　　　　　　　　　〈岐阜県〉

Akiko　　　Yumi

Yumi is a junior high school student.

① One day,

B

Yumi's mother

② When she got home,

C

③ On the morning of the fireworks festival,

D

④ But in the evening,

And they loved their beautiful *yukatas* very much.

英作文が書けない
自分の意見や理由をまとめられない

テクニックで攻略

▶▶▶▶ # ウソでもいいから 「書けること」を書く！

例題

英語の授業で「夏と冬では，どちらが好きか」というテーマで話し合うことになりました。「冬よりも夏が好き」と思うならば，下の**ア** I like summer better than winter. の文の記号を，「夏よりも冬が好き」と思うならば，下の**イ** I like winter better than summer. の文の記号を丸で囲み，そう思う理由(reason)を表す2つの文を書き加えて原稿を完成しなさい。　〈富山県・改〉

ア　I like summer better than winter.
イ　I like winter better than summer.
I have two reasons.
　① First, ＿＿＿＿＿＿＿＿＿＿＿＿＿＿＿＿＿＿＿＿＿＿＿＿＿＿＿ .
　② Second, ＿＿＿＿＿＿＿＿＿＿＿＿＿＿＿＿＿＿＿＿＿＿＿＿＿ .

こう考える ▶

いきなり日本語で自分の考えをまとめない！
　×「家族で田舎に行けるから冬より夏が好きだ。」

> 「田舎」って英語でなんて書くんだろう…？

まずは，理由をいくつか挙げ，それを英語で書けるか考える。

夏の方が好きな理由	冬の方が好きな理由
・夏休みがある	・スキーに行ける
・海で泳げる	・日本の夏はとても暑い
…	…

> 冬の理由の方がうまく書ける！

> 「バケーション」のスペルや「海で」の表現に不安がある。

> 自分の本当の気持ちでなくてもいいんだよ！

80

書けそうな内容を，問いの条件に合う英文にする。
　　条件：理由を表す文を２つ書く
　　理由①：First, I can go skiing.
　　理由②：Second, summer in Japan is very hot.

答え　〔例〕I like winter better than summer. I have two reasons. First, I can go skiing. Second, summer in Japan is very hot.
　　　　（私は，夏よりも冬が好きです。理由は２つあります。第一に，スキーに行くことができます。第二に，日本の夏はとても暑いです。）

ココ は覚える　理由を言うときの表現として〈～ because ＋主語＋動詞…〉「(なぜなら)…だから[なので]」もおさえておこう！

〔例〕I like winter because I can go skiing.
　　「スキーに行けるので，私は冬が好きです。」

入試問題にチャレンジ
答え ➡ 別冊 P.28

1 次のテーマについてあなた自身の考えを，下の英文中の（　①　），（　②　）に，それぞれ５語以上の英語で書きなさい。なお，あとの注を参考にしなさい。　〈長崎県〉

テーマ：English and I
English is a language used in many different places around the world.
We will have more *chances to use it in the future. If I can use English well, (　　①　　).
To *improve my English, (　　②　　).

(注) chance(s) 機会　　improve 上達させる

①
If I can use English well,

　　　　　　　　　　　　　　　　　.

②
To improve my English,

　　　　　　　　　　　　　　　　　.

2 次の英文は，香奈(Kana)さんの学級で英語のブラウン先生(Mr. Brown)が問いかけた内容です。あなたが香奈さんならどのように答えますか。問いかけに対する答えを，15語以上35語以内の英語で書きなさい。2文以上になってもかまいません。〈滋賀県〉

【ブラウン先生の問いかけ】

> Hello, everyone.
> You will graduate soon. I think you have a lot of wonderful *memories of your school life. Can you tell me about one of your best memories?

(注) memories : memory (思い出) の複数形

3 次の考えに対するあなたの意見を，下の〔指示〕にしたがって，英語で書きなさい。〈佐賀県〉

> All junior high school students should do volunteer work.

〔指示〕最初に，「I think so.」か「I don't think so.」のどちらかを書き，そのあとに 10 語以上の単語を使って，その理由を述べる英文を書くこと。あとに続く英文は 2 つ以上になってもかまいません。

4 英語の授業で，「日常生活の中で，興味や関心を持っていること」を紹介することになりました。あなたは何に興味や関心を持っているか，その理由や説明を含めて 2 文以上の英語で書きなさい。ただし，語数は全部で 15 語以上とし，符号(. , ? ! など)は語数に含まないものとします。〈和歌山県〉

5 次の〔条件〕に従い，春休みにあなたがしたいことについて，自分の考えや気持ちなどを含め，まとまった内容の文章を5文以上の英文で書きなさい。ただし，〔条件〕に示した英語は必要に応じて適切な形にしなさい。 〈埼玉県〉

〔条件〕 ①1文目は be going to という語句を使い，「春休みについて話します。」という文を書きなさい。

②2文目は want という語を使い，自分がしたいことを書きなさい。

③3文目以降は，なぜそのようにしたいのかが伝わるように書きなさい。

---

6 下の絵は英語の授業の一場面です。あなたがこの学級の生徒なら，ALT の Wood 先生の話を聞いて，どのようなスピーチ原稿を書きますか。スピーチ原稿の（　　）内には，Wood 先生の指示に従い，あなたが選択した語句を英語で書き，└┈┈┘の部分には，あなたの考えを30語程度の英文で書きなさい。ただし，英文の数はいくつでもよく，符号(, . ! など)は語数に含めません。 〈群馬県〉

In this class, I want you to write a speech. Some people like listening to music, and some people like reading books. Now, look at the blackboard. Please *choose "Listening to music" or "Reading books," and *finish this sentence. Use this sentence to start your speech.

（　　　　　　　　） *makes me happy.
・*Listening to music*
・*Reading books*

(注) choose ～　～を選ぶ　　finish a sentence　文を完成させる

（　　　　　　　　　　） makes me happy.

Thank you.

例題

次の文は，正広(Masahiro)さんが英語の授業で行った「思いやり」についてのスピーチ原稿の一部です。これを読んで，下の質問に対して自由に英語で答えなさい。　〈富山県〉

　　After they listened to me, my father said, "At the *bus stop, the man *took you to your bus stop and on the bus the high school student gave his *seat to the old woman. They were very kind. You also wanted to give your seat to her, but you couldn't." He didn't say anything more about it, but he *patted me on the shoulder with a smile.

5　Do you know what my father really wanted to say to me? After dinner, I thought of his words. He wanted me to have the *courage to do good things for other people. I asked *myself, "What should I do when I find other people who need *help?" It's not easy for us to say to people we don't know, "May I help you?", but I've decided to try to do so. I really wanted to become a person like the high school student.

（注）bus stop　バス停　　take ～ to …　～を…に連れていく　　seat　座席　　pat me on the shoulder　私の肩を軽くたたく
　　　courage　勇気　　myself　私自身　　help　助け

《質問》What do you think about "*Omoiyari*" after you've read Masahiro's speech?

こう考える

長文から使えそうな表現を探す。

　質問：What do you think about "*Omoiyari*" after you've read Masahiro's speech?
　　　　「正広のスピーチを読んで，あなたは思いやりについてどう思いますか。」

　答えの文に使えそうな表現

① want to ～「～したい」

② thought(think)「思った(思う)」

③ have the courage to ～「～する勇気がある」

④ other[old] people「ほかの人々[お年寄り]」

⑤ It is ～ for A to …「A にとって…することは～だ」

⑥ should ～「～すべきだ」

⑦ try to ～「～しようとする」

⑧ like ～「～のように」

表現はほかの問題から
探してもOK！

見つけた表現をまねして答えの文をつくる。

② ⇒　　I think "*Omoiyari*" is very important.
　　　　「私は思いやりはとても大切だと思います。」

① + ④ ⇒ I want to be kind to old[other] people.
　　　　「私はお年寄り[ほかの人々]に親切にしたいと思います。」

③ + ⑤ ⇒ It is important for us to have the courage to do good things.
　　　　「私たちがよいことをする勇気を持つことが大切です。」　　　など

簡単でいいから、
まちがいのない文を
書くことが大切だよ！

答え　〔例〕I think "*Omoiyari*" is very important./
　　　　　I want to be kind to old[other] people./
　　　　　It is important for us to have the courage to do good things.

入試問題にチャレンジ

答え ➡ 別冊 P.29

中学生の圭太(Keita)と麻里(Mari)は，レストランと保育園(nursery school)での職場体験学習について ブラウン先生(Mr. Brown)と話をしている。対話文をもとにして，下の質問に対する答えを 英語で書け。ただし(1)は5語以上の1文，(2)は8語以上の1文で書くこと。(「,」「.」などの符号は 語として数えない。)　　　　　　　　　　　　　　　　　　　　　　　　　〈愛媛県〉

Keita　　　：I worked at a restaurant for three days. I washed many *dishes and *took some
　　　　　　 orders.

Mari　　　：I worked at a nursery school. I played with the children and read picture
　　　　　　 books to them.

Mr. Brown：Did you enjoy your work?

Keita　　　：Yes. It was very hard to wash many dishes, but I felt happy when the
　　　　　　 *customers said to me, "Thank you."

Mari　　　：I enjoyed playing with the children. When I read a picture book to them, I
　　　　　　 tried to read it as well as the teachers. All the children listened to me, so I
　　　　　　 was very glad.

Mr. Brown：You two had good experiences.

(注) dish(es) 皿　　take orders 注文を取る　　customer(s) 客

(1)　あなたが職場体験学習をするとしたら，どこで働きたいですか。(ただし，レストラン，保育
　　 園は除く。)

(2)　また，なぜそこで職場体験学習をしたいのですか。

こう考える　圭太や麻里の2番目の発言を参考にして，働きたい「理由」を書く。

(1)

(2)

英作文が書けない

与えられた設定で作文するのがニガテ

テクニックで攻略

▶▶▶▶ **難しい英語を使わない！**

例題

あなたは，カナダでホームステイをすることになりました。そこで，ホームステイ先のエミリー (Emily)に，おみやげとして，湯飲み茶わん(a yunomi)を持っていくことにしました。次の問い に答えなさい。ただし，持っていくおみやげは1つとし，単数で表現することとします。なお， 符号(, . ? ! など)は，その前の語につけて書き，語数には含まないものとします。

あなたがエミリーにそのおみやげを渡すとき，どのように説明しますか。英語10語以上，20語 以内で書きなさい。ただし，英文は3文までとします。　　　　　　　　　　　　　　　　　〈茨城県〉

こう考える ▶

日本語で簡単に説明する文を考える。

① 名前を紹介する文。

「これは湯飲み茶わんという。」

> 主語を思いうかべながら 考えてみよう。

② どんなものかを説明する文。

「これはお茶を飲むときに使われる。」

③ しめくくりの文やさらにどんなものかを補足する文。

「私はこれをとても美しいと思う。」

> 指定も忘れない ようにしよう！

骨格になる部分を簡単な英語で考える。

① 「これは～だ。」→ This is ～.

② 「これは～するときに使われる。」→ It is used when ～.

③ 「私は～と思う。」→ I think that ～.

残りの部分を補う。

① This is a yunomi. ←「湯飲み茶わん」は問題文にあった a yunomi を使える！

② It is used when you drink tea. ←「お茶を飲む」は drink tea ！

③ I think that it is very beautiful. ←「美しい」は beautiful ！

入試問題にチャレンジ

答え ➡ 別冊 P.30

1 ホームステイ先に、プレゼントを持っていこうと思います。次の指示に従って、そのプレゼントをホストファミリーに紹介する文を書きなさい。　〈富山県〉

指示

・持っていくプレゼントを1つ[　　　]の中に英語またはローマ字で書く。
・そのプレゼントを説明する文を含めて、前後つながりのある内容の文章にする。
・5文以上の英語で書く。
・書き出しの文と、最後の Thank you. は5文に含めない。

I'll tell you about my present, [　　　　　　　　].

Thank you.

2 オーストラリアにいるマイク (Mike) から、次のような内容の電子メールが届きました。マイクの依頼にこたえる返事を、2文以上の英語で書きなさい。ただし、語数は全部で20語以上とし、符号 (. , ? ! など) は語数に含まないものとします。

I'll go to your school soon and study with you for two weeks. I want to know about your school. Can you tell me about it? I'll talk about it with my family.

〈和歌山県〉

チャレンジ 身近なことを伝えるようにすると、英語にしやすい。

「そのまま英訳」ができない

ステップで攻略

▶▶▶▶ 日本語を言いかえてから考える！

例 題

Shiho は，英語の授業で，「私の姉」というテーマでスピーチをすることになりました。次のメモは，Shiho が，スピーチをする項目と内容をまとめたものです。あなたが Shiho なら，そのメモにある①～③についてどのように英語で表しますか。それぞれ6語以上の英文を書き，下の原稿を完成させなさい。ただし，I'm などの短縮形は1語として数え，コンマ(,)，ピリオド(.)などは語数に入れません。 〈三重県〉

【メモ】

	項　目	内　容
①	姉の職業	昨年，医者になった。
②	姉の働く様子	病気の人々を助けるために一生懸命に働いている。
③	姉が言うこと	ほかの人に親切にしなさいと私にしばしば言う。

【原稿】

　Hello, everyone. I'm going to tell you about my sister.

① _____

② _____

③ _____

　Thank you.

こう考える ▶

主語を補って，英語にしやすい日本語にする。

　①昨年，医者になった。→昨年，彼女（＝シホの姉）は医者になった。

　②病気の人々を助けるために一生懸命に働いている。

　　→彼女は，病気の人々を助けるために，一生懸命に働いている。

　③ほかの人に親切にしなさいと私にしばしば言う。

　　→彼女は『ほかの人に親切にしなさい』と私にしばしば言う。

「主語」と「動詞」から文を組み立てる！

①「彼女は〜になった。」

　↓ 主語と動詞は？

　主語は she，動詞は become「〜になる」の過去形 became。

　↓ a doctor と last year を続けて…

　<u>She became a doctor last year.</u>　となる！

②「彼女は〜一生懸命に働いている。」

　↓ 主語と動詞は？

　主語は she，「一生懸命に働く」は works hard。

　　　　　　　　　　　　　　　　　　｜ 3単現の s を忘れない！

　↓「病気の人々を助けるために」は？

　to help sick people と表せる。｜「〜するために」は〈to + 動詞の原形〉で表せる！

　↓

　<u>She works hard to help sick people.</u>　となる！

③「彼女は〜と私にしばしば言う」

　↓ 主語と動詞は？

　主語は she，「〜と私にしばしば言う」は often says to me。

　↓「『ほかの人に親切にしなさい』」は？

　be kind to other people と表せる。

　↓ セリフは " "（クオテーションマーク）で囲んで…

　<u>She often says to me, "Be kind to other people."</u>　となる！

答え　① 〔例〕 She became a doctor last year.
　　　　② 〔例〕 She works hard to help sick people.
　　　　③ 〔例〕 She often says to me, "Be kind to other people."

まとまりごとに
組み立てていくと
わかりやすいね！

答え ➡ 別冊 P.31

1 次のメモは，良江(Yoshie)がアダム(Adam)に電子メールを送るために書いたものです。下の電子メールは，そのメモの内容を良江の孫の武史(Takeshi)が英語に直したものです。英文中の ┃ a ┃， ┃ b ┃ に，それぞれメモ中の下線部(a)，(b)を表す英文 1 文を書きなさい。なお，あとの注を参考にしなさい。

〔アダムは，武史の家に昨年ホームステイをしていたカナダの中学生で，良江にカナダから誕生日カードを送ってくれた。〕 〈長崎県〉

［メモ］

> 武史へ
> アダムに電子メールを送ってください。
> (内容)　○カードありがとう。
> 　　　　○(a)私の誕生日を覚えていてくれてうれしいです。
> 　　　　○日本を出発する前に，私のつくった日本食が好きだと言っていましたね。
> 　　　　○チャンポンが大好物だったから，今度つくり方を教えます。
> 　　　　○(b)あなたの家族のためにチャンポンをつくってほしいです。

［電子メール］

> Hi, Adam.
> Thank you for your card. ┃ a ┃.
> Before leaving Japan, you said you liked the Japanese food I cooked. *Champon* was your favorite food. So, I'll tell you how to make it next time. ┃ b ┃.
> I hope to see you again.
> Yoshie

(注) *champon* チャンポン

a ┃　　　　　　　　　　　　　　　　　　　　　　　　　　　　　．┃

b ┃　　　　　　　　　　　　　　　　　　　　　　　　　　　　　．┃

2 次のような場合，下線部の内容を，あなたは英語でどのように言いますか。次の1〜3についてそれぞれ答えなさい。　〈島根県〉

1. 相手に<u>あなたの言っていることがわからない</u>，と言う場合。
2. 友人の家に電話をしたが留守だと言われたので，<u>伝言をしてほしい</u>，と相手にたのむ場合。
3. 相手に<u>この計画をどう思うか</u>，とたずねる場合。

こう考える　足りない主語は日本語で補い，英語にしやすい日本語に置きかえる。

1.

2.

3.

3 次のボブ(Bob)と太郎(Taro)の会話において，(　　)内に示されていることを伝える場合，どのように言えばよいか。(1)，(2)の□□の中に，適切な英語を補いなさい。　〈静岡県〉

Bob ：What's in the box?
Taro ：My new basketball shoes.　My mother bought these for me.
Bob ：Wow!　| (1) |
　　　　（見せてくれない？）
Taro ：Sure.　My mother and I went to many shops.　It was very hard to find them.
Bob ：I know.　| (2) |
　　　　（はやっているからね。）

こう考える　「〜してくれない？」は「〜してもいい？」，「はやっている」は「人気がある」と置きかえる。

(1)

(2)

単語の意味を推測できない

ステップで攻略

▶▶▶▶ **ほかの文から情報をしぼり込む！**

例題

アメリカ人留学生のジャック(Jack)が，高校のクラスメートの一郎，花子といっしょに，そば祭りの会場で話をしています。本文の内容から下線部 slurp の意味を推測し，語の説明として最も適切なものを下の**ア～エ**から1つ選び，記号を書きなさい。　　　　　　〈長野県〉

(Ichiro and Hanako are eating soba and Jack is watching them.)

Jack ：You are slurping! Do you usually slurp when you eat soba?

Hanako：Slurping?

Jack ：You are making a sound. In America, it is not good to slurp when you eat.

Ichiro ：I see. In Japan, we usually slurp when we eat soba. Look, Jack. People around you are all slurping, right?

Jack ：Yes, they are. So many countries, so many *customs.

(注) custom　習慣

ア to eat a lot of food 　　　　　**イ** to eat food outside

ウ to eat food quickly 　　　　　**エ** to eat food with a sound

こう考える

ほかの文から情報を集めて，単語の意味を考える。

花子の質問 　　：Slurping?「Slurping って何？」

> この質問への返答が slurp の意味。

ジャックの返答：You are making a sound .

「君たちは音をたてているよ。」

In America, it is not good to slurp when you eat.

「アメリカでは食べるときに slurp することはよくないんだ。」

Slurp???

一郎の納得 　　：I see.「なるほど。」

答え　　**エ**（音をたてて食べ物を食べること）

1 次の会話の(　)に入れるのに最も適切な英語を，1語書きなさい。ただし，(　)内に示されている文字で書き始め，その文字も含めて答えること。 〈岐阜県〉

(1) *Teacher*：There are twelve months in one year. In English, the second month of the year is called February. What do you call the first month of the year in English?

　　 Student：We call it (J　　　　　).

こう考える▶ February, the first month of the year がポイント！

(2) *Jim*　：Hi, Maki. I heard you were sick and left school early yesterday. How are you today?

　　 Maki：I feel much (b　　　　　) than yesterday. I went to the hospital and took medicine.

　　 Jim　：I'm glad to hear that.

2 次の(1), (2)の英文の(　)にあてはまる語として最も適当なものを，それぞれの英文の下の**ア～ウ**の中から一つ選び，記号を書きなさい。 〈佐賀県〉

こう考える▶ 選択肢を先に読もう！

(1) When I find a word I don't know, I usually use a (　　). However, when I don't have one, I ask my friends or teachers what the word means.
　　ア clock　　**イ** dictionary　　**ウ** uniform

(2) This weekend, I'm going to join a welcome party for *exchange students who have just come to Saga. A lot of interesting events will be held in the party. I will do a *shodo* performance with my club members. Come and join us. I'm sure you will enjoy it, too. Also, you can (　　) your friends. They will be welcomed.

　　(注) exchange student(s) 留学生　　*shodo* performance 書道のパフォーマンス

　　ア invite　　**イ** follow　　**ウ** share

差がつく単語

★間違えやすいつづりの語

autumn	(名)秋	beautiful	(形)美しい
climb	(動)(〜に)登る	culture	(名)文化
enough	(副)十分に (形)十分な	February	(名)2月
guitar	(名)ギター	hundred	(形)100の (名)100
language	(名)言語	necessary	(形)必要な
purpose	(名)目的	quiet	(形)静かな
Saturday	(名)土曜日	serious	(形)まじめな，深刻な
trouble	(名)困難，問題	whose	(代)だれの(もの)

★似たつづりの語

collect	(動)〜を集める	correct	(形)正しい
different	(形)違った	difficult	(形)難しい
effect	(名)効果	effort	(名)努力
fan	(名)ファン，扇	fun	(名)楽しみ
their	(代)彼らの	there	(副)そこに
read	(動)読む	lead	(動)導く

★注意したい基数詞・序数詞

five	(形)5の (名)5	fifth	(形)5番目の (名)5番目
twelve	(形)12の (名)12	twelfth	(形)12番目の (名)12番目
twenty	(形)20の (名)20	twentieth	(形)20番目の (名)20番目

★注意したい名詞の複数形

child	(名)子ども	➡	children
foot	(名)足，フィート(単位)	➡	feet
man	(名)男の人	➡	men
tooth	(名)歯	➡	teeth
woman	(名)女の人	➡	women

★形容詞としてよく使われる -ing 形

boring	たいくつな	exciting	興奮させる
interesting	おもしろい	surprising	驚くべき

差がつく熟語

★時を表す熟語

all day (long)	一日中	at once	すぐに
for a while	しばらくの間	in those days	その当時は
right now	今すぐ，いま現在	since then	それ以来
soon after ～	～の直後に	these days	最近

★場所を表す熟語

away from ～	～から離れて	far from ～	～から遠い
far away	遠くに[へ]	in the air	空中に[で，の]

★数量や程度を表す熟語

a piece of ～	1個[切れ，本，枚]の～	at least	少なくとも
as ～ as *one* can	できるだけ～	not as[so] ～ as ...	…ほど～でない
half of ～	～の半分	more and more (～)	ますます (～)

★〈動詞＋副詞〉の熟語

bring back ～	～を持ち帰る，～を取り戻す	come home	帰宅する，帰国する
go away	立ち去る	go down (～)	(～を)降りる
go home	家に帰る	go up (～)	上がる，(～に)登る
get off (～)	(～から)降りる	get on (～)	(～に)乗る
grow up	成長する	look up (～)	見上げる，(～を)調べる
move around (～)	(～を)動きまわる	pick up ～	～を拾い上げる
study abroad	留学する	take out ～	～を取り出す

★〈動詞＋前置詞〉の熟語

arrive at ～	～に着く，～に到着する	agree with ～	～に同意する，賛成する
go into ～	～に入る，～の中へ入る	happen to ～	～に起きる
hear about ～	～について聞く	pay for ～	～の代金を払う
stay at ～	～に泊まる	stay with ～	～の家に泊まる
walk to ～	歩いて～に行く[来る]	work on ～	～に取り組む

★その他の熟語

by *oneself*	ひとりで，自力で	for *oneself*	自分のために
than before	以前よりも	the way to ～	～へ続く道

【出典の補足】
2013 年　埼玉県…p.83　大問 5
2012 年　埼玉県…p.17

解 答 ・ 解 説

長文が読み切れない
時間内に終わらない

本冊 ➡ P.10

(1) **エ**　　(2) **ウ**

(3) ①　窓の外を見て　　②　楽しくない

(4) ①　病気になった

　　②　絵を描くことをやめた

(5) **ウ**, **カ**

解説

まずは選択問題の(1), (2), (5)を先に解く。

(1)この his はエミリーの父親を指しているので，エミリーの父親のことばから探す。直前に It's not easy to become a painter. If you don't make effort, your dream will never come true. You should think again.「画家になるのは簡単ではない。努力しなければ，君の夢は決してかなわないだろう。もう一度考えるべきだ。」とあるので，ほぼ同じ内容の**エ**を選ぶ。

(2)エミリーが楽しくなかった理由を選ぶ。直後に She remembered her father's words again「彼女（＝エミリー）は父親のことばをもう一度思い出した」とあるので，ほぼ同じ内容の**ウ**を選ぶ。

(5)**ア**「エミリーは高校で絵を描くことを始めた。」本文1〜2行目より，絵を描き始めたのは小さな子どものころなので，×。**イ**「エミリーは自分の夢について父親に話さなかった。」本文2〜3行目より，両親に自分の夢について話したとわかるので，×。**ウ**「エミリーは母親によってつくられたケーキを持ってジェーンを訪ねた。」第2段落の内容に合うので，○。**エ**「エミリーは夕食後，ジェーンに学校生活について話した。」本文15〜16行目より，学校生活について話したのはお茶とケーキを食べたあとで，夕食後ではない。よって，×。**オ**「エミリーはジェーンと

いっしょに父親の絵を探した。」本文21〜24行目より，エミリーの父親が描いた絵が入った箱を持ってきたのはジェーンなので，×。**カ**「エミリーはもう一度自分の夢について考えることを決めた。」本文33〜35行目より，○。

> **ポイント** 問われている部分の直前直後，また，選択肢と同じ表現が使われているところだけを読む。

選択問題を解いたあと，記述問題に取りかかる。

(3)ジェーンがエミリーを見て，「今日は楽しそうじゃないわね。」と言った理由を答える。ジェーンはそう思った理由をエミリーにたずねられ，You sometimes look out the window today. Your father often did the same thing when he wasn't happy.「あなたは今日はときどき窓の外を見るわ。あなたのお父さんも，楽しくないときは同じことをよくしていたのよ。」と答えている。

(4)エミリーの父親についての話の内容を答える。本文23〜27行目のジェーンの話をまとめる。

和訳

　エミリーは高校の美術部の部員だ。彼女は小さな子どものころから，絵を描くことを楽しんできた。昨夜，エミリーは父親と母親に自分の夢について話した。「私は美術を学びに大きな都市に行きたいわ。私は画家になりたいの。」と，彼女は彼らに言った。彼女の父親は「画家になるのは簡単ではない。努力しなければ，君の夢は決してかなわないだろう。もう一度考えるべきだ。」と言った。エミリーは彼のことばを聞いてとても悲しかった。彼女は泣いて自分の部屋に行った。

　その夜，エミリーはよく眠れなかった。翌日の朝，エミリーの母親は彼女に「ちょうどおばあちゃんにケーキをつくったところなの。電車で彼女の家に行って，それを彼女に渡してくれる？」と言った。エミリーの祖母のジェーンは，父親の母親で，小さな町に住んでいる。エミリーは家にいて父親と会いたくなかったので，いいよ，と言った。

　電車では人々が週末を楽しんでいた。彼らは楽しそうだったが，エミリーは楽しくなかった。彼女は父親のことばをもう一度思い出し，「これは

私の人生よ。どうして彼があんなことを言ったのかわからないわ。」と思った。一時間後，彼女は電車を降り，ジェーンの家へ歩いていった。

ジェーンはエミリーに会ってとても喜んだ。彼女たちはお茶を飲み，ケーキを食べた。エミリーはジェーンに学校生活について話した。ジェーンは彼女の話を聞いていた。そして，「今日は楽しそうじゃないわね。大丈夫かしら？」と言った。エミリーは笑顔で楽しく見えるよう努めていたので驚いた。「どうしてわかったの？」エミリーはたずねた。「あなたは今日はときどき窓の外を見るわ。あなたのお父さんも，楽しくないときは同じことをよくしていたのよ。何があったのか話してくれないかしら。」とジェーンは答えた。

エミリーはすべて彼女に話した。ジェーンはただ耳を傾け，「あるものを見せてあげましょう。」と言った。彼女は部屋を出て，箱を持って戻ってきた。エミリーがその箱を開けると，そこには美しい絵が何枚かあった。エミリーはそれらを初めて見た。ジェーンは「あなたのお父さんが若かったころにこれらの絵を描いたのよ。彼は画家になりたかったの。芸術学校に通って，とても一生懸命勉強したわ。でも，画家になるのは簡単ではなかったの。将来のことで心配していたとき，彼のお父さんが病気になってしまったの。彼はこの町に戻ってくることを決心したわ。これらの絵をこの箱に入れて，描くことをやめたのよ。」と言った。エミリーは自分の父親についての話を聞いてとても驚いた。彼女は父親が絵を描くことが好きだと知らなかった。そして，彼が同じ夢を持っていたことも！　彼女はジェーンに「じゃあ，私の夢について話したとき，彼はなぜあんなことを言ったの？」とたずねた。ジェーンは「画家になるにはたくさん努力しなければならないわ。簡単に考えをかえるようではいい画家になれない。彼はそう言いたかったんだと思うわ。」と言った。

彼女の町に戻る電車で，エミリーはなぜ母親がジェーンの家を訪れるように言ったのかわかった。彼女はエミリーに，父親の本当の気持ちを知ってもらいたいと思ったのだった。彼女は自分に「絵を描くことが好きなのはわかっている，でも，本当に私は芸術を勉強したいの？　本当に画家になりたいの？」と問いかけた。彼女はこれらの質問の答えを探そうと決めた。彼女が答えを見つけ，そしてそれらが「yes」であれば，彼女は自分の夢について，もう一度父親に話すだろう。

例題和訳 本冊 ➡ P.8

それはおよそ20年前の8月の夕方だった。私の町でクラシック音楽のコンサートがあった。コンサートの数週間前，父が私に，「有名なバイオ

リン奏者が町のオーケストラと演奏するんだ。このコンサートに君を連れていきたいんだ。いっしょに行きたいかい。」と言った。私はそれはいい考えだと思った。だから，私たちは夕方にコンサートホールへ行った。ホールにはたくさんの人がいた。

コンサートの直前，父が私に，「彼は子どものころに事故にあったんだ。その後，彼は手をうまく使えなかったんだけれど，とても一生懸命にバイオリンを弾く練習をしたんだ。そして，有名なバイオリン奏者になったんだよ。」と言った。そのとき，そのバイオリン奏者がゆっくりとステージの中央に歩いていき，指揮者を見た。そのコンサートが始まった。

音楽はとても美しく，最初はすべてが順調に進んでいた。しかし突然，ステージから短く強い音が聞こえた。問題が起こったのだった。指揮者はバイオリン奏者を見て，オーケストラを止めた。私は「バイオリン奏者はバイオリンをほかのとかえて，もう一度弾き始めるだろう。」と思った。

しかし，彼はそうはしなかった。彼はほんの少し待って，指揮者に続けるよう，目で頼んだ。そして彼らはもう一度音楽を演奏し始めた。バイオリン奏者は1本の弦がないまま，音楽を演奏していた。全員が驚いているようだった。彼はたった3本の弦で音楽を演奏したのだ。何とすばらしいことだろう！

彼が終えたとき，全員が静かだった。そして，ホールの全員が彼に拍手かっさいを送るために立ち上がった。

彼は笑顔で，「私たちはいつも自分たちが持っているもので最高の音楽を演奏しなければなりません。」と私たちに言った。私は「彼はその考えを持っていつも一生懸命練習していたから，たった3本の弦でも演奏できたんだ。」と思った。

それは私にとって，本当に感動的なコンサートだった。私は彼から決してあきらめるべきではない，ということを学んだ。私たちは，問題があるときは最善を尽くさなければならない。

私は決してそのコンサートを忘れないだろう。

長文が読み切れない
グラフや表がややこしい
本冊 ➡ P.14

1 外国の文化や歴史を知りたい
2 X **イ**　Y **ア**　Z **ウ**

解説

1 本文8行目に Look at the table. とある。表につ

いて書かれているのはこれ以降の本文8～10行目。表より，（　①　）は50.0％となっているので，本文9行目にある Half of them「彼らの半分」＝50％で始まる文に注目する。Half of them wanted to know the culture or history of foreign countries.「彼らの半分は外国の文化や歴史を知りたいと思っていた。」

和訳

　あなたは留学したいですか？　私は外国で勉強したり，働いたりしたい日本人の若者の数が少なくなっていると聞いている。これは本当だと思いますか？　私のクラスメートの数人はしばしば外国で勉強したいと言う。だから，私は全校生徒に「留学に興味はありますか。」とたずねた。
　このグラフを見てください。彼らのうち20％は「はい，とても。」と言い，35％は「はい，少し。」と言った。だから，彼らのうち55％は留学に興味がある，ということだった。私は留学に興味があるこれらの生徒たちに「もし留学したら，何をしたいですか。」という別の質問をした。この表を見てください。彼らのうち約60％が語学力を向上させたい，もしくは，外国の人と友達になりたいと思っていた。彼らの半分は外国の文化や歴史を知りたいと思っていた。
　私たちの学校では，留学に興味がある生徒の数はそんなに少なくないし，私は彼らのうちの1人だ。私の夢は外国人のための日本語教師になることだ。ほかの国には日本について知りたい人がたくさんいる。私はそこへ行き，彼らに日本語と日本文化を教えたい。だから私は英語と日本語の両方をより一生懸命勉強するつもりだ。また，私は日本について書かれたたくさんの本を読むつもりだ。私は夢を実現するために全力を尽くすつもりだ。

2 *Chart 1, Chart 2* それぞれに棒グラフがあるが，問われている X ～ Z は *Chart 2* に関するものなので，本文13行目にある *Chart 2* shows what problems they have. 以降の内容を確認すればよい。まず，本文14～15行目に choosing restaurants is the third in rank「レストランを選ぶことが3番目に入っている」とあるので，Y がレストラン選びだとわかる。次に，About 10% of them have some problems when they pay.「彼らの約10％が支払うときに困っている。」とあるので，Z が食事代の支払いだとわかる。そのあとに注文する料理選びについて書かれているが，残っているのは X だけなので，確認をするつもりで読めばよい。

和訳

ユウコ：私の父は日本食レストランを持っているよ。昨日，オーストラリアからの女性が彼のレストランに来たんだ。彼女は父にメニューについて何かたずねたよ。しかし，彼は英語がわからなかったので，どうやって彼女を助けたらよいかがわからなかったんだ。
メアリー：私はその女性がどのように感じたか理解できるわ。日本では，ほとんどすべてが日本語で書かれているので，日本を訪れる外国人にとって言語が最大の問題よ。
ユウコ：そのことについて考えていなかったよ。彼らの問題についてもっと知りたいな。もしかしたら，彼らを助けるためにできることがあるかもしれないよ。
（1週間後）
ユウコ：私は新聞記事を見つけたよ。これは日本にいる外国人はさまざまな場所で困っているということを示しているよ。チャート1は彼らが最も困ったのはレストランでだったことが示されているよ。
メアリー：私も昨年日本に来たときに，そこで困ったよ。
ユウコ：私はもっと情報を持っているよ。チャート2では彼らが何に困っているかが示されているよ。
メアリー：彼らのうち約40％がマナーを難しいと思っているね。また，レストランを選ぶことが3番目になっているよ。彼らの約10％が支払うときに困るとあるね。そして，最も難しいのはメニューから何を食べるかを選ぶということだね。
ユウコ：あなたは同意する？
メアリー：はい。私にはあなたに伝える話があるの。ある日，日本のレストランに行ったとき，メニューでおかしな英語を見たの。それは "Parent and Child Bowl" とあったわ。
ユウコ：それは何だったの？
メアリー：日本語で "Parent" は「親」，"Child" は「子」という意味だね。そう！「親子丼」だったの。私は「鶏肉と卵の丼」であるべきだと思うわ。
ユウコ：それは私にアイデアをくれるわ。私は父のレストランに来る外国の人々のために英語のメニューをつくることができるよ。

例題和訳 **本冊 → P.12**
　私たちの学校では，農業を学ぶことができます。私は農業学科にいます。よい野菜，花，果物を育てる方法を学びます。クラスメートといっしょに

それらを育てます。学校では，ときどきジュースなどの加工製品をつくります。

　6月に，私たちは野菜，花，果物，そして加工製品を販売し始めました。毎週金曜日，学校の近くの駅でそれらを販売しました。販売するとき，私はそこでの売上げを記録しました。私たちの商品を買うためにたくさんの人が駅に来てくれたときは，うれしかったです。私はときどき彼らに，商品をどのように気に入ったかたずねました。

　それぞれの月末に，その月のすべての売上げの割合を確認するために円グラフをつくりました。今日は6月と7月の円グラフを見せます。その2か月で，私たちは野菜を最も多く販売しました。6月は，加工製品の割合は果物や花より高かったです。しかし，7月は加工製品があまり人気ではありませんでした。6月と比べて，果物の割合が高くなり，花の割合は同じでした。

　商品をつくって販売することは，私にとってすばらしい経験です。駅では，人々は私たちの商品について彼らがどう思うかを私に伝えてくれます。そして円グラフは，季節ごとの人気商品を私に示してくれます。今いくつか有益な情報を持っていることがうれしいです。

　さて，ここに私があなたたちに最も伝えたいことがあります。私は，学んだことを生かして商品を改善したいと思っています。

長文の内容がつかめない
タイトルやテーマがわからない

本冊 ➡ P.17

> **エ**

解説

タイトルやテーマは，文章や段落の最初や最後に書かれることが多い。そこから選択肢と同じ意味を表す文がないか探す。最初の段落の最後の文に I know two interesting things about pizza.「私はピザについて2つの興味深いことを知っている。」とあり，ここから「2つの興味深いこと」について話題が展開されるとわかる。よって，**エ**がこの文章を書いた意図＝この文章のテーマとわかる。

和訳

　日本には人気のある食べ物がたくさんある。それらの中には外国からのものもある。ピザがよい例だ。それはアメリカから持ち込まれ，人気が出た。現在，日本人はよくそれを食べる。私はピザ

について，2つの興味深いことを知っている。

　ピザがいつ初めてつくられたのかはわからない。何年も前に人々はそれを食べ始めた。トマトがヨーロッパに持ち込まれたとき，ピザに大きな変化があった。当時，人々はトマトを食べなかったが，イタリアの都市，ナポリの人々の何人かが，ピザにそれをのせて食べてみた。トマトはとてもおいしく，ピザとともに人気が出た。

　イタリアでは，たいてい1人の人がピザ1枚全部を食べる。たいていピザ1枚全部を家族や友達といっしょに食べると考えているので，驚く日本人もいる。

例題和訳 本冊 ➡ P.16

　昨年，私は公園を走っているときにあしを傷つけてしまった。およそ1か月の間，私は松葉づえなしでは動けなかった。

　教室から教室へ移動するとき，私はつらい時期を過ごした。私の教室は3階にあるので，体育館に行くにはたくさんの時間が必要だった。私の友達はいつも私といっしょにいてくれて，たくさん助けてくれた。

　電車で学校に行くことも私には難しかった。その間，母がたいてい私を車で学校まで連れていってくれた。しかし，毎週金曜日，彼女は会社に早く行かなければならなかったので，私は電車で行かなければならなかった。電車にはとてもたくさんの人が乗っていたので，私はうれしくなかった。しかし，私が電車に乗っていたとき，乗務員がいつも私を助けてくれ，座る場所を与えてくれた。

　これらのことは人々が助けを必要としているときに何をするべきか，私に教えてくれた。

長文の内容がつかめない
長文の内容に合うものってどれ？

本冊 ➡ P.20

> **1** **ウ，カ**　　**2** 4

解説

まず，極端な内容や否定的な内容の選択肢を除く。

1 エ「海のプラスチックごみは海洋生物に影響を与えるが，それは人々には<u>まったく影響を与えない</u>。」極端な内容なので，まずは除いて考える。次に**イ，オ**も only があり限定的な内容なので除いて考える。残った選択肢を確認していく。**ア**「毎年，約800万トンのプラスチックごみが海に

よって<u>日本にくる</u>。」本文２～３行目より誤り。**ウ**「日本の人々はたくさんの便利なプラスチック製品とともに日常生活をおくっている。」本文７～９行目の「たくさんのプラスチック製品が日本の人々のまわりにある。それらは役に立ち，彼らの日常生活を支えている。」と一致するので，○。**カ**「海と私たちの生活はつながっているので，行動を変えることは海をよりきれいにする。」第６段落と一致するので，○。

日本は海に囲まれていて，日本の人々は多くの種類の魚や海洋生物を見ることができる。しかし，彼らにとって生き残るのは困難かもしれない。世界では毎年約800万トンのプラスチックごみが海に流れ込んでいる。だから，私たちは未来のために海を守るべきだ。この物語は海とプラスチック汚染，そしてその解決方法についてだ。

あなたは愛知県が陶器や自動車などの物をつくることで有名であることを知っているかもしれない。しかし，あなたは2019年に愛知県が日本で，約12％にあたる，最も多くのプラスチック製品を生産したことを知っているだろうか？　愛知県で生産されたプラスチック部品は文房具，電子機器などで使われている。たくさんのプラスチック製品が日本の人々のまわりにある。それらは役に立ち，彼らの日常生活を支えている。

プラスチック製品は便利だが，プラスチックごみは海で問題を引き起こしている。道路上のプラスチックごみは河川に流れ，河川はそのごみを海に運ぶ。だから私たちの日常生活から出たたくさんのプラスチックごみが海にある。海洋生物がプラスチックごみを食べて死ぬかもしれないと言う人もいる。危険な化学物質が海中の小さなプラスチックに付着し，魚がそれらを食べるかもしれないと言う人もいる。もし私たちがその魚を食べれば，病気になるかもしれない。私たちは，プラスチックごみが魚だけでなく，人々にとっても大きな問題であることを知るべきだ。

今，多くの国々がプラスチックごみを減らすために熱心に取り組んでいる。１つの例は，人々が買い物のあとによく使う無料のビニール袋だ。2002年にバングラデシュの人々が世界で初めてビニール袋の使用をやめた。2015年には，イギリスの店舗がビニール袋を５ペンスで販売し始めた。2018年には，127か国以上の人々が無料のビニール袋やどんな種類のビニール袋も使用するのをやめた。2020年に，日本は無料のビニール袋を提供する代わりに販売し始めた。実際に日本は１年間で約４分の３のビニール袋を削減した。

プラスチックごみを減らすために私たちは何をすべきだろうか？　愛知県ではキャンペーンを行い，海をきれいに保とうとしている。そのキャンペーンでは，プラスチック汚染に関心を持ち，行動を起こすことが重要だと私たちに伝えている。買い物のあとにビニール袋を買う代わりに，自分の買い物用のバッグを持って行くべきだ。

海と陸は自然の中でつながっている。陸地での私たちの日常生活は，海の多くの命に影響を与える。できるだけ早く私たちの行動をかえよう。行動を起こすことは，海をよりきれいにするだろう。

2 2.「サキは，ほかの国から来た人たちが彼女に日本についてすべてのことを教えてくれると言う。」極端な内容なので，まずは除いて考える。3.「ケイトは，日本に来てから，<u>日本について何も学ぶべきことがなかった</u>。」否定的な内容なので，これも除いて考える。次に残った選択肢を確認していく。1.「ケイトは，<u>オーストラリアについてたくさんのことを学んだので，日本に戻るつもりだ</u>。」ケイトはオーストラリアから日本に留学していたのだから，明らかに誤り。5.「ケイトはサキに，<u>外国について学ぶために日本の漫画を読むように言った</u>。」本文中にない内容なので，×。4.「サキはケイトからたくさんの大切なことを学んだので，うれしく思っている。」本文34～35行目 Thank you, Kate. I am happy because you taught a lot of important things to me.「ありがとう，ケイト。私はうれしいわ，あなたが私にたくさんの大切なことを教えてくれたから。」に一致するので，○。

去年の７月に，ケイトは日本の高校で勉強するために，オーストラリアから日本にやって来て，私たちのクラスに入った。彼女が日本に来るのはそれが初めてだった。それ以来，私たちは楽しく過ごしてきた。来週，彼女はオーストラリアに帰ってしまう。私が彼女と知り合ったのはたった半年前だが，私は彼女からたくさんのことを学んだ。ケイトとの会話を通して，私はほかの国から来た人たちと友達になることは大切であるということを学んだ。今日はそのことについて話をしたい。

ケイトが最初に私たちのクラスに入ってきたとき，彼女は私たちに話しかけてこなかった。そこで，私は彼女に「大丈夫？　困ったことがあったら，何でも聞いてね。」と言った。彼女は，「ありがとう。名前を聞いてもいいかしら。」と言った。

私は,「私の名前はサキよ。あなたがこのクラスに入ってくれてうれしいわ。」と答えた。彼女はそれを聞いてうれしそうだった。そしてケイトと私は親友になった。2，3週間後，彼女は私に「このクラスでの最初の日，ほかの生徒とどんなことを話したらいいかわからなかったの，だから，あなたが私に話しかけてくれたときはとてもうれしかったわ。そのあとは，たくさんの人に話しかけて友達になったわ。今では日本人のことがよくわかるようになったわ。」と言った。

ケイトと私はたくさんのことについて話した。10月のある日，私は彼女に，「あなたはどうして日本に来たの？」とたずねた。彼女は，「日本の文化を勉強するために日本に来たのよ。オーストラリアにいたとき，私は日本の漫画に興味を持つようになったの。ストーリーや主人公が好きだからよ。」と答えた。「日本の漫画の主人公をどう思う？」と，私はたずねた。彼女は，「私は，主人公は完璧な人間であるべきだと思っていたわ。私が読んだ日本の漫画の中には，しばしば欠点があって，私たちのように間違いを犯す主人公もいて，欠点を克服しようとするの。私はそこが好きだわ。」と言った。私は今までにそういった視点から日本の漫画について考えたことがなかった。私は，ほかの国から来た人たちが私たちに，日本についての大切なことを教えてくれることがあると気づいた。日本人が気づいていなかったことを教えてくれることもよくあるのだ。

ケイトは，外国で勉強することについてよい点を2つ教えてくれた。1つ目は，ほかの国で勉強すると，その国の文化がよりよくわかるということ。ケイトは，「オーストラリアにいたときは，日本の漫画を通して日本について知っているだけだったけれど，日本に来てからは，日本についてもっとたくさんのことを学んだわ。」と言った。2つ目は，私たちは外国の人たちからたくさん学ぶことができるということ。彼女は，「今，世界にはほかの国と仲がよくない国もあるわ。でも，ほかの国に友達がいれば，その友達から別の視点を得ることができるわ。そのような異なった視点を持てば，ほかの国のことがもっとよく理解できるわ。ほかの国の1人の友達が，私たちの世界についての視点を変えることができるの。」と言った。

私は，将来自分が何をするべきかがわかったので，それらのことをケイトから聞けてうれしく思っている。私は，ほかの国で勉強して，そこでたくさんの人たちと友達になるつもりだ。

ケイトが日本を発つ前に，私は，「ありがとう，ケイト。私はうれしいわ，あなたが私にたくさんの大切なことを教えてくれたから。」と言いたい。

ご静聴ありがとうございました。

例題和訳　本冊 ➡ P.18

グリーン先生：来月，どこに職業体験に行くか決めたかい。

エミ：はい，決めました。私の市の幼稚園で3日間働く予定です。

グリーン先生：それはすばらしいね。なぜそこで働くことを選んだの。将来，幼稚園の教師になりたいの。

エミ：ええと，それは答えるのが難しい質問ですね。母はいつもそれはすばらしい仕事だと私に言います。でも，私は自分が将来何になりたいか決められないのです。子どもたちは大好きですが，すてきな先生になるじゅうぶんな自信がありません。

ケンタ：エミ，君はいつもみんなに親切だから，たくさんの子どもに好かれるよ。そしてこの職業体験が幼稚園の先生として働くことについて，もっと多くのことを君に教えてくれるよ。

エミ：ありがとう，ケンタ。母も同じことを言っているわ。彼女はまた，幼稚園で働くことを経験すれば，ほかにもたくさんの大切なことを学べるとも言っているの。

グリーン先生：彼女に賛成だよ。私は好奇心を持つことがどれほど大切か学べると思うよ。

ケンタ：好奇心？　ぼくはそのことばを知りません。その意味を教えていただけますか。

グリーン先生：いいよ。小さな子どもたちはたくさん質問をするのが好きだよね？　例えば，「なぜ空は青いの？」「なぜ鳥は飛べるの？」「なぜ夜は暗いの？」とか。彼らは強い好奇心を持っているので，これらの質問をするんだ。言いかえると，彼らは新しかったり不思議だったり，理解するのが難しかったりすることについてもっと知りたいと本当に思っているんだよ。

エミ：ああ，わかりました。でも，私にはそのような難しい質問に答える自信がありません。もし幼稚園で子どもたちが私にこれらの質問をしてきたら，私はどうすればいいでしょう？

グリーン先生：心配しないで。すべての正しい答えを知っている必要はないんだ。君もこれらのことに興味を持っていると子どもたちに示すことがもっと大切なんだよ。彼らといっしょにたくさんのことをしてみてください。たとえ彼らにすべての正しい答えを与えられなくても，あなたは彼らを幸せにしてあげられるよ。

ケンタ：その通りだよ。ぼくが子どものころ，いつも父に「なぜ星は明るいの？」とたずねていたんだ。彼の答えが何だったか今は思い出せない。けれど，父とぼくは何度も家の近くの山の

頂上に行って，いっしょに星を見て楽しんだことをまだ覚えているよ。だから，ぼくは今，理科を勉強するのが好きなんだ。

エミ：ケンタ，あなたは本当に，私に自信を与えてくれたわ。グリーン先生，よいアドバイスを私に与えてくれて，どうもありがとうございます。幼稚園で子どもたちを幸せにするために，ベストを尽くします。

グリーン先生：いいね，エミ！　職業体験が将来を考えるよい機会となるよう願っているよ。

長文の内容がつかめない
長文から答えが見つからない

本冊 ➡ P.24

1 （1）　動物の漢字
　　（2）　楽しく夕食を食べながら話をした。

2 　温かいメッセージつきの特別なカードを書くこと。

解説

1 (1)「年賀状」New Year's cards，「新年の決意」New Year's resolutions に注目する。これらの語が使われているのは，本文 9 ～ 10 行目なので，その近くの内容を確認する。本文 10 ～ 11 行目に And we often write the *kanji* for an animal「そして動物の漢字をよく書くわね」とある。

(2)「スミス夫妻の名前」Mr. and Mrs. Smith's names に注目する。この語句が使われているのは，本文 26 ～ 27 行目なので，その近くの内容を確認する。本文 27 ～ 28 行目に Then, the Smith family and Misaki enjoyed having dinner and talking.「そのあと，スミス一家とミサキは夕食を食べながら話をして楽しんだ。」とある。

和訳

　高校生のミサキは，昨年 10 月に英語を勉強するためにオーストラリアのある都市に行った。彼女はそこでスミスさん一家のところに滞在した。家族にはスミスさん夫妻と子どものアンがいた。

　約 2 か月が経過した。クリスマスの時期の前のある日曜日の夜のこと。ミサキは，スミスさんやアンとクリスマスツリーの飾りつけをした。そのあとで，スミスさんがミサキに，「私たちはこの時期にはクリスマスカードも書くんだ。君にカードを見せてあげよう。」と言った。スミスさんはアンに，自分の部屋からカードを何枚か持ってくるよう頼んだ。カードを持って戻ってくると，アンはミサキにカードを見せ，クリスマスカードに使われる英語の表現を教えた。アンが，「ねえ，日本ではクリスマスカードを書くのかしら？」とたずねた。ミサキは，「ええ，でも多くの人がふつうは年賀状を書くわ。」と言った。アンはミサキに，それに何を書くのかたずねた。「うーん…新年の決意と…。そして動物の漢字をよく書くわね，それぞれの年の動物がいるから。」と，ミサキが言った。スミスさんはミサキの話に興味を持った。「どんな動物がいるんだい？」ミサキは，「例えば，イヌやトラがいるわ。ああ，来年の動物はリュウよ。」と言った。アンは興奮した様子で，ミサキにその漢字を書くよう頼んだ。ミサキはそれを 1 枚の紙に書き，彼らに見せた。2 人は漢字を見て，スミスさんが，「ミサキ，それはリュウの姿のようだね。」と言った。ミサキは 2 人に，「気に入ってくれたかしら。それなら，アンの名前を日本語で書くわ。」と言った。

　ちょうどそのとき，台所からスミス夫人の声が聞こえた。「夕食の時間よ。」アンはお母さんに，「わかったわ，でも，今ミサキが私の名前を日本語で書いてくれているの。こっちへ来て。」と言った。アンのお母さんが来たので，ミサキはその紙を彼女に見せた。「これが 3 つの書き方で書かれたアンの名前よ。」「3 つの書き方ですって？」お母さんはそれを聞いて驚き，家族全員がそれらの書き方についてもっと知りたがった。ミサキにとって，それらの書き方を教えることは簡単なことではなかった。しかし，ミサキはやってみた。「これはカタカナで，次がひらがな。そして，最後のものが漢字。漢字には音と意味があるの。私はこの漢字をあなたに選んだわ。『アン』という音で，その意味の 1 つは『心の安らぎ』なの。」スミスさんは，「アン，君にちょうどいいね。」と言った。「どうもありがとう，ミサキ。友達に見せるわ！」アンはとてもうれしそうだった。ミサキもまた，日本についてのおもしろいことを伝えることができてうれしく思った。ミサキは，スミス夫妻の名前も日本語で書いた。彼らは喜んで，彼女に「ありがとう」と言った。そして，スミス一家とミサキは夕食を食べながら話をして楽しんだ。ミサキにとって素晴らしい夜だった。

　寝る前，ミサキは日本にいる英語の先生に手紙を書いた。その手紙の中で，彼女は新年の決意を先生に伝えた。「ここに滞在している間に，私は人々に日本のことをもっとたくさん伝えるつもりです。これが私の新年の決意の 1 つです。そしても

う1つ。日本に戻ったら，私はオーストラリアと日本のかけ橋となることをしたいと思います。」

2 「2月初旬」early Februaryに注目する。また，「アンが述べていること」なので，アンのことばの中から探す。この語句が使われているのは4つ目のアンのことばなので，その近くの内容を確認する。2文目に In early February, we write special cards with warm messages.「2月の初旬，私たちは温かいメッセージつきの特別なカードを書く。」とある。したがって，「温かいメッセージつきの特別なカードを書くこと。」が解答となる。

和訳

アン：こんにちは，早紀。バレンタインデーおめでとう！　どうぞ。

（早紀はプレゼントを受け取った。）

早紀：きれい！　この花は私に？　どうもありがとう。

アン：どういたしまして。気に入ってくれるといいな。

早紀：とても気に入ったわ。アン，あなたのプレゼントで私はうれしくなったわ。でも，なぜ今日私にプレゼントをくれるの？

アン：アメリカでは，バレンタインデーにはだれもがプレゼントをあげていいのよ。

早紀：本当？　それは知らなかったわ。アメリカのバレンタインデーについてもっと教えて。

アン：ええと，アメリカではカードがよく使われるわ。2月初旬に私たちは温かいメッセージつきの特別なカードを書くの。それをバレンタインデーに渡すのよ。子どもたちは友達や先生，家族にカードを渡すの。夫婦はカードやチョコレート，花をお互いに渡すのよ。ガールフレンドに手作りの指輪をあげた男性を知っているわ。

早紀：それはすてきね。とても気に入ったわ。

アン：バレンタインデーは愛情や友情を見せる日なのよ。

早紀：なるほどね。自分たちの気持ちを見せるべきだということね。

アン：そうよ。ところで，早紀，あなたはすてきなスカーフをしているわね。似合っているわ。

早紀：ありがとう。今日，私の日本人の友達は私のスカーフを見たけれど，何も言わなかったわ。だから，あなたがそれを言った最初の人ね。

アン：たぶん，彼らはあなたのスカーフをすてきだと思っているわ。彼らは恥ずかしがりだから言わないのね。でも，私たちは自分たちの気持ちをお互いに言うべきね。

早紀：そうね。もっとたくさんの日本人がお互いに気持ちを言い合うようになるといいわね。

アン：あなたもそうなるといいわ。

早紀：がんばるわ。

例題和訳　本冊 ➡ P.22

ユキ：こんにちは，マイク。今日はあなたに書道を見せたいの。それを知っている？

マイク：うん。それを知っているよ，ユキ。小学生のころ，日本人の高校生が何人かぼくの学校を訪れて，書道をぼくたちに見せてくれたんだ。ぼくは自分の名前をカタカナで書いたんだ。

ユキ：すばらしいわ！　そのとき筆と墨を使った？

マイク：うん，それらを使って書いて楽しんだよ。

ユキ：筆と墨を使って書くと，漢字とひらがなはもっと美しく見えると思うわ。また，私は墨の香りが好きで，書道を練習しているときに穏やかな気持ちになるの。

マイク：すてきだね，ユキ。今，漢字を書いてみてもいい？　以前に試したことがないんだ。

ユキ：ええ，もちろんよ。見て！　この本には書くのが簡単な漢字がいくつかのっているの。その中から気に入ったものを選んでいいわよ。

マイク：ええと…，ぼくはこの漢字を試してみたいな。形が気に入ったし，書くのが難しそうじゃないしね。ユキ，この漢字は何という意味？

ユキ：英語で「森」を意味するわ，そして，その中には小さな3つの部分があるの。それぞれの部分は「木」を意味するのよ。

マイク：わあ！　「森」には3つの「木」があるんだ。それは本当におもしろいね！　いいね，ユキ，この漢字を書いてみるよ。書き方を教えて。

ユキ：いいわ，教えてあげる。まず，このように筆を持つの。そしてそれを墨に漬けるのよ。そして腕をなめらかに動かすようにやってみて。

マイク：わかった。2，3回練習してみるよ。いいかな？

ユキ：ええ。

……およそ10分後……

マイク：見て，ユキ！　その漢字を書き終えたよ。上手に書けたから，本当にこの作品が気に入ったよ。

ユキ：それはよかったわ，マイク！

マイク：ありがとう，ユキ。カナダの両親にこれを送るよ。楽しんでくれるといいな。

ユキ：私もそう願うわ。

長文の内容がつかめない
この英文はどこに入るの？

本冊 ➡ P.28

1 2
2 a **エ**　b **ア**　c **イ**　d **ウ**

解説

1 this character「このキャラクター」に注目して、キャラクターの話がされているところを探す。第3段落にキャラクターの話があるので、￼2￼にあてはめて内容を確認する。英文は、「このキャラクターのおかげで彼のスタジオはうまくいった。」という意味。「このキャラクター」は前文の a popular character を指している。

和訳

　「もし私たちに夢を追求する勇気があれば、すべての夢をかなえることができる。」これはウォルト・ディズニーによる私のお気に入りの言葉の1つだ。

　ウォルトは1901年に生まれた。彼は絵を描くことと芸術が好きだった。小さいときに絵を描き始めた。ウォルトは高校生のとき、学校の新聞のために漫画をつくった。彼はまた、夜間の美術学校の授業を受けていた。1919年に、美術スタジオで仕事を見つけた。この間に、彼はアニメーションについて学んだ。彼は自身のアニメーションをつくりたかったので、最初の会社を立ち上げ、そこで短編映画をつくった。そのアニメーションは人気だったが、彼の会社には問題があった。彼は会社を閉鎖しなければならなかった。

　1923年に、ウォルトは兄と別のスタジオを設立した。ウォルトはある人気キャラクターをつくった。このキャラクターのおかげで、彼のスタジオはうまくいった。しかし、大きな問題があった。別の会社が彼からキャラクターや仕事仲間を奪ってしまった。しかし、ウォルトは決してあきらめなかった。彼は新しいキャラクターをもう一度つくった。彼は音声付きでこのキャラクターのアニメーション映画をつくり、多くの人々がそれを愛した。それからウォルトはたくさんの新しいキャラクターをつくった。彼らは映画の中で動いたり話したりした。それらのすべてがかわいく、人気になった。

　その後、ウォルトは長編アニメーション映画をつくることを決めた。彼のまわりの何人かはそれは難しいと言ったが、彼は自分と同僚たちはそれを成し遂げることができると信じていた。彼らはついに1937年に映画をつくり終えた。その映画はとても人気になった。ウォルトはたくさんのお金を得た。彼は別の映画スタジオを建てたり、もっと多くのアニメーション映画をつくったりするためにそのお金を使った。

　ウォルトは多くの人々を幸せにしたかったので大きなパークをつくるというアイデアも持っていた。1955年に彼は最初のパークをアメリカで開業した。そのパークは有名で人気になり、今でも休暇で訪れる世界の最も人気のある場所の1つだ。その後、ウォルトは別のアメリカの都市により大きなパークを建設するというアイデアを持っていた。彼は計画を練っていたが、1971年にパークが開業する前に亡くなった。

2 まず、**エ**「いいえ、まだです。」に注目する。この文は、現在完了の「完了」を表す疑問文に対する答えとしてよく使われる。a の直前に Have you finished the report of the period for integrated study?「あなたは総合的な探究の時間のレポートを終えましたか。」があるので、ここに**エ**を入れると会話の流れに合う。次に、**ア**「それを使うのがとても難しいのですか。」に注目する。use it という語句があるので、「何かを使う」という話題になっているところを探す。DVD レコーダーの使い方について話している b に入れると会話の流れに合う。**イ**「あなたが手伝ってくれると、私はとてもうれしいです。」は相手に依頼する表現。よって、直後に My pleasure.「どういたしまして。」とある c に入れると会話の流れに合う。最後に、残った**ウ**「彼女はあなたのためにがんばるでしょう。」を d に入れて、会話の流れを確認する。

ポイント 疑問文なら直後の文、答えの文なら直前の文を手がかりに、入れる場所を探そう。

和訳

ユミ：こんにちは、クリス。総合的な探究の時間のレポートは終わった？

クリス：いや、まだなんだ。愛知について学習するのによい本もウェブサイトも、まだ見つけていないよ。何かいい考えはある？

ユミ：そうねえ、テレビ番組で情報を得たらどう？昨夜、「すばらしい愛知」という番組を見たわ。

その番組について知っているかしら？

クリス：うん。知っているけれど，ぼくは見なかったよ。それについて教えてくれる？

ユミ：とてもよかったわ。番組では，愛知のたくさんの興味深いものが映っていたわ。愛知には山も海もたくさんの古いものもあるの。旅行で訪れる美しい場所もあるわ。番組のおかげで，愛知についてさらにたくさんのことを学んだわ。

クリス：なるほど。実は，録画しようとしたんだけれどできなかったんだ。

ユミ：どうかしたの？

クリス：友達がDVDレコーダーをくれたんだけど，使い方がわからないんだ。

ユミ：まあ，それは残念ね。使うのがとても難しいの？

クリス：わからない。使用説明書は持っているんだけれど，説明書が日本語だけで書かれているんだ。だから，読めないんだ。

ユミ：わかったわ。来週の日曜日にもう一度その番組が見られることはわかっているわ。そのことについてあなたに何かしてあげられると思うの。

クリス：ありがとう，ユミ。君が手伝ってくれるならとてもうれしいよ。

ユミ：どういたしまして。じゃあ，来週の土曜日に時間があったら，あなたの家に行ってレコーダーを見てあげるわ。使い方を教えてあげる。

クリス：その日はひまだよ。何時に来られる？

ユミ：午前10時はどうかしら？

クリス：わかったよ。お母さんに君が来ることを伝えておくよ。お母さんはだれかが訪ねてくると，いつもケーキをつくるんだ。お母さんは君のためにがんばるだろうな。

ユミ：まあ，本当？　あなたのお母さんのケーキを楽しみたいわね。私は甘いお菓子を食べるのが大好きだから，毎日あなたの家に行って手伝えるわよ！

例題和訳 本冊 ➡ P.26

　先週の土曜日，私たちのソフトボールチームは重要な試合があった。私は勝つために部員ととても一生懸命に練習した。しかし，試合でうまくプレーできずに負けてしまった。試合後，ほかの部員が私を励ましたが，私は泣きやむことができなかった。

　家に帰ってから，私は父に自分がどれくらい勝ちたかったかを話した。彼は「どう感じているかわかるよ，久美。あんなに長い時間，あの試合に勝つために一生懸命努力してきたんだな。」と言った。それから彼は「ええと，私は明日山に登るつもりなんだ。いっしょに来ないかい，久美？」と続けた。「山登り？　今，疲れているから行きたくないなあ」と私は答えた。彼は「山を歩けば，

気分がよくなるかもしれないよ。いっしょに来ない？」と言った。私はしばらく考えた。気分転換にはよいかなと思い，彼といっしょに行くことに決めた。

　次の日の朝，くもっていたが，私たちが登り始めるとすぐ雨が降り出した。「昨日は試合で負けて，今日は雨。私には何もよいことがない。」と心の中でつぶやいた。山頂に着いたとき，そこから何も見えなくてがっかりした。しかし，私の父は雨の中でも幸せそうだった。私たちがそこで昼食を食べていたとき，私は彼になぜかたずねた。彼は「私たちは文句を言って雨を止めることはできないんだよ，久美。私は雨でも晴れでもただ山登りを楽しむんだ。雨が降ると雨を楽しめるよ。」と言った。「雨を楽しむ？　雨が降るとどのように楽しめるの？」と私はたずねた。彼は「雨でぬれた木を見てごらん。とても美しいよ。」と答えた。私は「でも私は晴れた日に歩くことを楽しみたいの。雨の日の登山は負けた試合のようだわ。つまらないよ。」と言った。すると彼は「言いたいことはわかるよ，久美。でも登山には勝者も敗者もいないんだよ。私は山が本当に好きだから，雨の日でも山にいると幸せに感じるんだ。」と言った。私は彼の言葉を聞いて，10歳でソフトボールを始めたときのことを思い出した。そのときはただ友達といっしょにプレーすることが楽しかった。しかし今では勝つためだけにソフトボールをしている。父はほほえんで，「ええと，苦しいときにはすることが3つあるんだ。1つ目は，最善を尽くして成功を目指すこと。これが常に最良の選択だと思うかもしれない。でも，ときには立ち止まって自分がしてきたことを考える必要があるんだ。これが君ができる2つ目のことだ。」と言った。「立ち止まって自分がしてきたことを考える」と私は繰り返した。彼は「私はこのことも大切だと思うよ。なぜなら常に成功することなんてできないからね。そしてもう1つできることがあるよ。」と言った。「それは何？」と私はたずねた。彼は「状況を受け入れて一歩一歩進みなさい。もし歩み続けると，途中で何かすばらしいものを見つけるかもしれないよ。」と言った。私は彼の話を聞きながら，部員たちの顔を思い出した。試合に負けたけれど，彼らとのたくさんの経験があった。

　午後には雨がやんだ。山を下り始めたとき，父が「あっちを見てごらん。」と言った。晴れた空に虹がかかっていた。父と私はお互いを見た。彼は「わかったかい？　これが"途中の何かすばらしいもの"だよ。」と言った。私は「そうだね。雨が降ったあとだけ虹が見られるものね。雨なくして虹なし！」と言った。

長文の内容がつかめない
英文の続きはどれ？

本冊 ➡ P.32

(1) **イ**　　(2) **ウ**　　(3) **ア**

解説

本文から問いと同じ意味を表す語句を探す。

(1)One day, in an art class at school, Keiko <u>felt a little disappointed</u> because _____.「ある日，学校の美術の授業中，ケイコは少しがっかりした，なぜなら_____からだ。」の下線部に注目すると，本文14行目に <u>felt a little disappointed</u>「少しがっかりした」とある。この近くの内容を確認すると，本文12～13行目に Keiko tried to answer these questions, but she couldn't.「ケイコはこれらの質問（＝生徒からの質問）に答えようとしたが，できなかった。」とある。**イ**「彼女はクラスの何人かがたずねた質問に答えることができなかった」と一致する。

(2)Keiko tried to learn more about Japanese culture after _____.「ケイコは_____あとで，日本の文化についてもっと学ぼうとした。」の下線部に注目してみると，本文25行目に <u>After</u> that day, <u>Keiko tried to learn more about Japanese culture.</u>「その日のあと，ケイコは日本文化についてもっと学ぼうとした。」とある。直前の第5段落に注目すると，ケイコを心配したジェニファーが彼女に話しかけ，ケイコは自分が抱えている問題についてジェニファーに話す，という内容になっている。**ウ**「彼女はジェニファーに自分の問題について話した」と一致する。

(3)One day, after the party, <u>Keiko was surprised</u> because _____.「ある日，パーティーのあとで，ケイコは驚いた，なぜなら_____からだ。」の下線部に注目すると，本文38～39行目に <u>Keiko was surprised</u> to hear that.「ケイコはそのことを聞いて驚いた。」とある。この that は直前にある A lot of people want to learn about Japan.「日本のことを学びたいと思っている人はたくさんいる。」を指すと考えられるので，**ア**「彼女はたくさんの人たちが日本について学びたいと思っ

和訳

　ケイコとジェニファーは高校生だった。ジェニファーはアメリカ出身で，ケイコの家に滞在していた。ジェニファーはケイコに，自分の国やその文化について話した。それからケイコはアメリカに興味を持つようになった。彼女はその文化について学ぶために，アメリカへ行くことを考え始めた。

　1年後，ケイコはジェニファーといっしょにアメリカに向け日本を発った。彼女はジェニファーの家に滞在し，そこの高校に通った。ケイコには新しい友達もでき，彼らと話すのを楽しんだ。

　ある日，学校の美術の授業で，先生がケイコに日本の美術についてクラスで話をするように言った。彼女は「ええと，私たちには浮世絵のようなすばらしい伝統的な美術があります。浮世絵を通して江戸時代に人々がどのような生活をしていたかを学ぶことができます。浮世絵は西洋の美術に大きな影響を与えました…。」と言った。「質問があります。」と，生徒の1人が突然たずねた。「江戸時代の日本の生活様式の例はどのようなものですか。」別の生徒が「浮世絵は西洋の美術にどんな影響を与えましたか。」とたずねた。ケイコはこれらの質問に答えようとしたが，できなかった。彼女は「アメリカに来る前，私は日本の文化についてたくさん知っていると思っていたのに，そうではなかった。」と思った。彼女は少しがっかりした。

　その夜，ジェニファーの母親がケイコに「来月パーティーをするの。日本人の友達がくれた浴衣を着たいと思っているの。浴衣を着るのを手伝ってくれないかしら。」と言った。「もちろんです。今試しに着てみたらどうかしら。」とケイコは言った。最初，ケイコは簡単なことだろうと思っていた。しかし，そうではなかった。ケイコは帯を上手に結ぶことができなかった。

　ケイコは悲しかった。ジェニファーはすぐにケイコの調子が悪いとわかった。ジェニファーは「具合が悪そうよ，ケイコ。どうしたの？」とたずねた。ケイコは，「ええと，ここアメリカの人たちはみんな，私が日本のことをたくさん知っていると思っているわ。でも，日本について私が知らないことがたくさんあるの。そのことがとても残念なの。」と答えた。ジェニファーは「心配しないで，ケイコ。私も日本にいたときに同じことを感じていたわ。でも，あなたがいつも私を励ましてくれたわ。今は，あなたが自分の国やその文化についてもっと学ぶいい機会なのよ。」と言った。

その日のあと，ケイコは日本の文化について
もっとたくさんのことを学ぼうとした。まず，彼
女は浮世絵について知ろうと市立図書館に行っ
た。彼女はたくさんのことを学んだ。例えば，た
くさんの浮世絵が明治時代にヨーロッパへ持ち込
まれた。それらの浮世絵は西洋の絵画様式に影響
を与えた。それから，ケイコは日本にいる祖母に
浴衣の着方を教えてくれるよう頼んだ。祖母は彼
女に，電子メールで帯の結び方を教えてくれた。

　パーティーの前，ケイコはジェニファーの母親
が浴衣を着るのを手伝った。ジェニファーの母親
は「美しい浴衣を着ることができてとてもうれし
いわ。ありがとう，ケイコ。」と言った。パーティー
で，ケイコと招待客は日本とアメリカの文化につ
いての会話を楽しんだ。招待客の1人が，海外の
国とその文化について学ぶことはとても楽しいと
言った。ケイコは，自分自身の国について学ぶこ
とは大切だと思った。彼女は少しうれしく思った。

　パーティーのあとのある日，ケイコは先生にも
う一度浮世絵についてクラスのみんなに話す機会
を与えてくれるよう頼んだ。先生はその日のうち
に，彼女にそうする機会を与えてくれた。このと
きは，彼女は上手に話ができた。もちろん，まだ
答えられない質問もいくつかあったが，先生が大
いに助けてくれた。生徒の1人が，「日本のこと
を学びたいと思っている人はたくさんいる。」と
言った。ケイコはそれを聞いて驚いた。そのあと，
彼女はクラスのみんなと美術についてたくさんの
ことを話して楽しんだ。

　その日の学校からの帰り道，ケイコはジェニ
ファーに「私はここアメリカですばらしい経験を
したわ。あなたやあなたのお母さんは，アメリカ
の文化と自分自身の文化についてさらにたくさん
のことを学ぶ機会を私にくれたわ。今では，将来，
日本についてもっとたくさんの人に話ができたら
と思っているわ。」と話した。

例題和訳 本冊 ➡ P.30
　昨日，ある若い男の人が私たちの学校にやって
きた。彼の名前はウィリアムといった。彼は5年
前，私たちの学校の生徒だった。彼は今，大学生だ。

　私たちの学校の生徒だったとき，ウィリアムは
たくさんのことに疑問を抱いていた。空を見上げ
ると，ウィリアムは，「空にはなぜ雲があるんだ
ろう？」と考えた。公園を歩くと，「このアリた
ちはどうやって生きているんだろう？　あの鳥た
ちはどこへ行くんだろう？」と考えた。彼は自分
の疑問について考え，答えを得るために勉強した。
彼は両親や先生にいくつか質問をした。彼は本も
何冊か読んだ。特にウィリアムはクモに興味が
あった。毎週日曜日にはクモについて学ぶために

公園に行った。クモについてわかったことをノー
トに書き，クモの写真をたくさん撮った。彼は公
園でたくさんの種類のクモを見た。クモのうちの
1匹は大きく，長い脚を持っていた。別のクモは
とても小さく，何色かの色をしていた。ウィリアム
は本にのっていないたくさんのことを発見した。

　ウィリアムは大学でクモについて勉強し続けて
いる。彼にはいっしょに勉強をするたくさんの友
達がいる。ウィリアムは，「クモが好きではない
人はたくさんいるが，クモは地球の大切な一員だ。
クモは町や森で有害な昆虫を食べてくれる。人間
や動物の役に立つことをしてくれる。」と言った。

英文の流れがわからない
動詞の形をかえるのがニガテ
本冊 ➡ P.35

(1)　found　　(2)　tried

解説

(1)直前の動詞 went は go「行く」の過去形。よって，
find を過去形の found にし，文の内容を確認す
る。「私はアメリカから戻ると店に行き，ホスピ
タル・クラウンについての本を見つけた。」とな
り，意味が通っている。

和訳

　私は「日本では彼らのような人たちを見たこと
がない。日本にもホスピタル・クラウンはいるの
だろうか。」と思った。私は彼らに興味を持った。
　私はアメリカから戻ると店に行き，ホスピタル・
クラウンについての本を見つけた。それは日本人
でホスピタル・クラウンをしている人についての
物語だった。

(2)直前の動詞 went は go「行く」の過去形。よって，
try を過去形の tried にし，文の内容を確認する。
「それから，私はアキラから少し離れ，何度も試
した。」となり，意味が通っている。

和訳

　私はたくさん魚をつったが，それらはすべて小
さかった。「大きいやつだけほしい」と私は思い，
それらをすべて川に投げた。それから，私はアキ
ラから少し離れ，何度も試した。

例題和訳 本冊 ➡ P.34
　私は英語でトムに，私の町の自然や文化につい
て伝えることができてうれしかった。それをする

ことは私にとって難しかったが，様々な国から来た人たちと話すことはすばらしいことだとわかった。トムと話すためにイシイ先生と勉強したとき，私は私の町についてより多くのことを理解した。

英文の流れがわからない
so や that の指すものが見つからない
本冊 ➡ P.37

1 外出して，和夫と学校の話ができて楽しかったこと。

2 花についてお礼を言うためにスズキさんの家を訪問すること。

解説

代名詞や so などは，直前の文の内容を指すことが多いので，そこに注目する。

1 that を含む文の直前に he told me that he was happy to go out and to talk with me about my school「彼は，外出して，私（＝和夫）と学校について話して楽しかったと言った」とあるので，これが that の指す内容と考えられる。「～こと。」という形で答える。

和訳

老人ホームに戻ってきたとき，彼は私に，外出して，私と学校について話をして楽しかったと言ってくれた。私はそれを聞いてとてもうれしかった。私にとって老人ホームを訪れることは，働いている人たちの仕事を理解できたので，とても役に立つものだった。私はそこでたくさんのことを学んだ。

ポイント 内容を答える場合は，最後を「～ということ。」などという形で答える。

2 下線部を含む文は「それをしよう。」という意味。it が指す内容を探す。直前の文に Ken said, "Shall we visit her house to thank her for the flowers?"「ケンは『花のお礼を言うために彼女の家を訪れようか。』と言った。」とあるので，it はケンの発言を指すと考えられる。「～こと。」という形で答えをまとめる。

和訳

学校で，ケンはサトルとヒトミにスズキさんに

ついて話した。サトルは「彼女がそんなに親切だとは知らなかった。」と言った。「そうね。彼女は１人で暮らしているから，だれかと話をしたいと思っているかもしれないわ。」とヒトミは言った。ケンは「花のお礼を言いに彼女の家を訪れようか？」と言った。サトルとヒトミは「いいね。そうしよう。」と言った。

次の日，彼らは彼女の家に行った。彼女はとても喜んで，彼らに駅について話してくれた。

例題和訳 本冊 ➡ P.36

有紀：おはよう，サラ！　今日，私たちは何をする予定なの？
サラ：やあ，有紀。お父さんに日本製の時計を買いに買い物に行きたいわ。
有紀：あなたのお父さんは日本製の時計に興味があるの？　あなたの国でつくられた時計が世界で最も有名だと思うんだけど。
サラ：そう思うわ。でも，日本製の時計も私の国では人気があるのよ。
有紀：本当？　それは知らなかったわ。ああ，すてきな時計のお店を知っているの。そこへ行きましょう。

英文の流れがわからない
語句の具体的な内容がわからない
本冊 ➡ P.39

1 開いたり閉じたりすることができるかさ。

2 自然なしでは生きることができない

解説

具体的にどのようなものを指すかを答えるときは，近くにある語句をあてはめて考える。

1 ここでは，直前の At that time umbrellas were always open.「当時，かさはいつも開いていた。」という文と，直後の It was the umbrella which people could open and close.「それは開いたり閉じたりできるかさだった。」に注目する。直前の文の「いつも開いているかさ」は，当時，つまり古代エジプトで使われていたかさなので，13 世紀のヨーロッパでつくられた新しい種類のかさではない。直後の文の It ＝ a new kind of umbrella と考えられるので，直後の文が「新しい種類のかさ」について説明していることにな

る。よって，「新しい種類のかさ」とは，「開いたり閉じたりすることができるかさ」とわかる。

和訳

私たちは雨が降っているとき，しばしばかさを使う。しかし，昔，かさは雨のために使われていなかった。古代エジプトでは，権力のある人々だけが強い太陽の光をさえぎるためにかさを使っていた。それらは，今日私たちが使っているかさとは異なっていた。当時，かさはいつも開いていた。13世紀，ヨーロッパの人々が新しい種類のかさをつくった。それは開いたり閉じたりすることができるかさだった。

2 the message「そのメッセージ」が表す内容を考える。下線部を含む文は「この写真のメッセージが見えるかい？」という意味で，直後にケンが Yes.「はい。」と答え，さらに "Wild animals can't live without nature." 「『野生動物は自然なしでは生きることができない。』とあります。」と続けているので，これが the message の内容とわかる。

和訳

ジム：私はたくさんの国を訪れ，野生動物の写真を撮っているんだ。そして写真にメッセージを書いて多くの人々に配っている。この写真のメッセージが見えるかい？
ケン：はい。「野生動物は自然なしでは生きることができない。」とあります。
ジム：私は人々に自分の写真を見てもらい，野生動物にはたくさんの問題があるということを思い出してもらいたいんだ。

例題和訳 本冊 ➡ P.38

15歳のころ，私はいつも自分の将来のことを考えていた。私はたくさんの仕事に興味があったが，どれが私にとって一番よい仕事かわからなかった。そのとき，私の兄がよい考えを私にくれた。それは，兄の友達の何人かを彼らの仕事を学ぶために訪ねることだった。

英文の流れがわからない
下線部の理由を説明できない
本冊 ➡ P.41

おもちゃ屋さんに行くと，必ず子どもたちが何か買ってほしいと頼むから。

解説

下線部の近くに，結果を表す so か，理由を表す because がないか探してみる。so の直前，または because の直後に理由が書かれているので，そこを中心に内容を確認するとよい。

ここでは直後の because「～だから」に着目する。because の場合，理由を表す部分が後ろにくるので，they always asked me to buy something「彼ら（＝子どもたち）はいつも私に何か買うように頼む」が下線部の理由となっている。理由を答えるので，文末は「～（だ）から。」でまとめること。

ポイント 理由は，「～（だ）から。」と答える。

和訳

空港で長時間待つのは難しかった。待っている間，私はたくさんのことをした。空港には店がたくさんあった。私たちはレストランで昼食を食べた。私は本屋で1時間本を読んだ。1冊本を買い，2時間それを読んだ。子どもたちとおもちゃ屋に行った。彼らはいつも私に何か買ってくれと頼むので，私はそこに行きたくなかった。しかし，彼らはそのときはそうしなかった。彼らはおもちゃを見ているだけだった。そのあと，私はテレビでサッカーの試合を見た。ついに私はそれ以上することがなくなった。私はただいすに座っていた。

例題和訳 本冊 ➡ P.40

ある日，私たちは川で魚つりをしていた。私は宿題のことを考えていたので，魚つりを楽しめなかった。川岸に座ったとき，私は「コウジ，宿題は終わったかい？　君が上手に作文を書くことは知っているよ。昨年，先生が君の作文が学校で一番上手だと言っていたからね。それで，コウジ，ぼくの作文を手伝ってくれないかな。昨日，やろうとしたんだけど…。」と言った。突然，コウジが「悪いけど，手伝えないよ。」と言った。

（ ）に入れるものがわからない
文章中の（ ）に入る語句はどれ？
（ ）が1つのとき　本冊 ➡ P.43

1 Ⓐ　**ア**　　Ⓑ　**イ**
2 ①　same　　②　eaten
　　③　about

解説

1 Ⓐ前の文までで何が話題の中心となっているかを考える。red「赤」，green「緑」，blue「青」など，色についての話が展開されているので，**ア** colors「色」が入る。
Ⓑ 前の文に If we want black, we just use no light.「もし黒がほしければ，光を使わなければよい。」とあるので，黒色のつくり方について話が展開されている。Ⓑを含む文は「光がないところは（ Ⓑ ），黒く見える。」という意味なので，**イ** dark「暗い」を選ぶ。

和訳

　美術の授業で，私たちは色をつくるため，異なる絵の具を混ぜる。光を使って同じことができる。「RGB」が何を意味するか知っているだろうか。「R」は赤，「G」は緑，「B」は青。赤，緑，青を混ぜることで，たくさんの異なった光の色をつくることができる。白い光がほしいときは，3色すべてを混ぜる。黒がほしければ，光を使わなければよい。光がないところは暗く，黒く見える。光を混ぜることによって，テレビの画面，コンピュータの画面，そして舞台で，私たちは色を見ることができる。

2 ① In Australia maybe students can choose any food they like for lunch.「オーストラリアでは生徒は好きな食べものを何でも昼食に選べるかもしれません。」と学校の昼食について話が展開されており，それに But「しかし」が続いているので，対立する内容の文が入ると考える。好きなものを選ぶのではなく，みんなが「同じ」食事をとると考え，same「同じ」を入れる。
②前の文までで日本の学校での昼食を紹介しており，直後に You can try it in a school lunch.「あなたはそれを学校の昼食で試すことができま

す。」とあるので，「あなたは日本食を食べたことがありますか。」とたずねていると考える。eat「食べる」の過去分詞 eaten を入れる。
③日本食を学校の昼食で試すことができる，という話題を受け，「私たちと学校の昼食を食べに教室に来てはどうですか。」と提案していると考える。How about 〜ing? で「〜してはどうですか。」という意味を表す。

> **ポイント** 後ろの文に問題を解くヒントがかくされているときもある。

和訳

　あなたは学校の昼食について知っていますか。オーストラリアでは生徒は好きな食べものを何でも昼食に選べるかもしれません。しかし私たちの学校では，みんなが教室で同じ食事を食べます。そして毎日異なったメニューがあります。あなたは今までに日本食を食べたことがありますか。あなたはそれを学校の昼食で試すことができます。私たちと学校の昼食を食べに教室に来てはどうでしょう。

例題和訳　本冊 ➡ P.42

　長時間飛行機に乗ったあと，疲れを感じる人がいる。ある時間帯から別の時間帯に飛んでいくともっと疲れを感じる。これは時差ぼけと呼ばれる。また，ときには具合が悪く感じることもある。頭痛を起こしたり，食事や睡眠に支障をきたしたりする場合がある。

（ ）が2つ以上のとき　本冊 ➡ P.45

イ

解説

まず，①に絶対に入らない選択肢を消す。①を含む文の直前の I think so.「そう思う。」に着目。so はその直前の父の発言「たくさんの人の前で舞ったら気持ちいいぞ。」を指すので，ヒロシも獅子舞（ししまい）をよいものと考えていることがわかる。したがって，**ア**「小さな，取るに足りない」は不適当。②は，直前でヒロシが「中学生がほんの少ししかいない」，「たくさんの若い人たちが参加してくれたら，とても楽しくなる」と述べたのを受けての父親の発言。よって，メンバーの年齢に関する語である，

イ「若い」か**ウ**「年を取った」が正解の候補。さらに②のあとで父親は「ぼくたちは楽しかった」と述べており，②を含む文は，「父親の子ども時代」＝「若者がたくさんいて楽しかった」と「ヒロシの現状」＝「若者が少なくて楽しくない」とを対比して述べたものだとわかる。したがって，②には young「若い」が入るので，**イ**を選ぶ。

和訳

父：やあ，ヒロシ。祭りは来月だね。今晩も獅子舞を練習するのかい？

ヒロシ：ええと…，うん。

父：獅子舞を上手に舞えるかい？

ヒロシ：いいや，できないんだ。ぼくたちの獅子舞は独特だから，うまく獅子舞を舞うことは難しいんだ。ふつうは2，3人がいっしょに舞うものだけれど，ぼくたちの町では5人でいっしょに舞うんだよ。だからぼくは練習するのが好きじゃないんだ。

父：まあ，まだ始めたばかりじゃないか，ヒロシ。一生懸命に練習すれば，祭りで上手にできるさ。たくさんの人の前で舞ったら気持ちいいぞ。

ヒロシ：ぼくもそう思うよ。ぼくは，ぼくたちの獅子舞はすごいと思うんだ。ぼくはそれをうまく舞いたいよ。獅子舞の集まりにいる様々な世代の人々からは，たくさんのことを学べるけれど，そこには中学生はほんの少ししかいないんだ。その集まりにたくさんの若い人たちが参加してくれたら，とても楽しめるんだけどね。

父：なるほど。ぼくが子どもだったころは，その集まりにはたくさんの若い人々がいたんだよ。ぼくたちは獅子舞を練習したり，たくさんのことについて話したりしたな。ぼくたちは楽しい時を過ごしたんだよ。でもヒロシ，楽しむことだけが君の目標ではないんだよ。

ヒロシ：どういう意味？

父：獅子舞を舞うことには目的があったんだ。それはぼくたちの町の人々を団結させたんだよ。ぼくたちはいっしょに舞って，そうすることでぼくたちのきずなが強くなったんだ。

例題和訳 本冊 ➡ P.44

私の夢は宇宙飛行士になることです。「それは難しすぎるから決してかなわないだろう。」と言う人もいます。私も以前は彼らと同じように思っていましたが，そのように考えることをやめました。今日は，私の考え方を変えたできごとについて話すつもりです。

（　）に入れるものがわからない

文章中の（　）に入る文はどれ？
本冊 ➡ P.47

(1)　**ウ**　　(2)　**ア**

解説

(1)空所の直前に「この図書館を訪れるのはこれが初めてです。」とあり，また，空所の直後に「図書館職員はあなたを大いに助けてくれるだろう。」とあるので，図書館職員に手助けを依頼する表現が入る。よって，**ウ**「この図書館の利用の仕方を教えてくださいませんか。」を選ぶ。

和訳

市立図書館はあなたのひまな時間を過ごすためのよい場所だ。もしそこを初めて訪れるのであれば，図書館職員を見つけて「この図書館を訪れるのはこれが初めてなんです。この図書館の利用の仕方を教えてくださいませんか。」と言うのがよい考えだ。図書館職員はあなたを大いに助けてくれるだろう。彼らはあなたを案内して，あなたの大好きな本を見つけてそれを借りる方法を教えてくれるだろう。

(2)空所の前に「それ（＝古い木）は3年前は病気になって花をつけなかった」とあり，また，空所のあとでは木が元気になった方法について述べられている。よって，空所にはどのようにして木が元気になったのか，と「方法」をたずねる文が入る。よって，**ア**「どうやってこの古い木は再び元気になったの。」を選ぶ。

ポイント 文や語を入れる問題では，最後に空所に自分の解答を入れ，流れに合うか必ず確認しよう。

和訳

私はそれを聞いてとても驚き，「すばらしいわ！この古い木は1,000年間，ずっと美しいのね。」と言った。「ああ，でも3年前は病気になって花をつけなかったんだ。」と彼は私に言った。私は「どうやってこの古い木は再び元気になったの？」と彼にたずねた。「木の近くに住む人たちが樹木医といっしょに世話をしたんだよ。」と彼は答えた。

発言と同じ発言を繰り返す**イ**が入る。

エイジのクラスの生徒はみんな，美術の授業で映画をつくった。それぞれの映画はたった5分しかなかった。エイジはその授業のあと，「映画をつくるのはぼくにとって最高のことだ。ぼくは本当にそれらをつくって楽しむ。」と思った。エイジは自分の映画を見ると，いつも楽しくなった。

（　）に入れるものがわからない
会話文中の（　）に入る文はどれ？

本冊 ➡ P.49

(1) **ウ**　(2) **イ**　(3) **イ**

解説

(1) A から「この本」についての感想をたずねられて，「わくわくした」と答えた B が，空所の直後では「あまりよくなかった」と述べていることに着目。「この本」とは別の本（＝あの本）についての意見や感想をたずねる表現となっている**ウ**「あの本はどうでしたか。」が正解。How about ～?「～はどうですか。」

和訳

A：この本はどうだった？
B：とてもわくわくしたよ。私はそれを（読んで）とても楽しんだんだ。
A：あの本はどう？
B：あまりよくなかったよ。

(2) コーヒーを注文した B が，空所の直後で「いいえ，結構です。」と述べていることから，A が B に何かをすすめる表現が入ることがわかる。よって，**イ**「何か食べるものはいかがですか。」が正解。Would you like ～?「～はいかがですか。」は相手の希望をていねいにたずねる表現。

和訳

A：こんにちは。
B：コーヒーを一杯いただきたいのですが。
A：承知いたしました。何か食べるものはいかがですか。
B：いいえ，結構です。それだけでいいです。

(3) 空所の直前の Pardon? は「もう一度言ってください。」の意味。よって，空所には A の最初の

和訳

A：さぁ，昼食を食べよう。この近くにあるよいレストランを知っている？
B：もう一度言って。
A：この近くにあるよいレストランを知っている？
B：もちろん。いい考えがあるんだ。行こう。

A：もしもし，スズキです。ブラウンさんをお願いしたいのですが。
B：私です。元気ですか。

（　）に入れるものがわからない
要約文の（　）が埋められない

本冊 ➡ P.52

1　A　thanked　　B　were told
2　1　easy　　2　playing

解説

1 A「主語」の they（＝ Tomoko and her friends）と，「時間」を表す文頭の On the day of the brass band festival「ブラスバンド・フェスティバルの日に」に注目する。本文 17 行目に the day of the brass band festival came「ブラスバンド・フェスティバルの日がやってきた」とあるので，この近くから似た表現を探す。本文 17 ～ 19 行目で，演奏前にタナカ先生がトモコたちに助言をし，トモコたちはそれに「ありがとうございます」と答えているので，thank「感謝する」を使う。過去の文なので，過去形の thanked を入れる。

B「主語」の the third year students of the club「部の3年生」と，「時間」を表す The day after the festival「フェスティバルの翌日」に注目する。本文 21 行目に The next day「その（＝フェスティバルの）翌日」とあるので，この近くから似た表現を探す。本文 21 ～ 22 行目にタナカ先生が3年生に音楽室に来るように言ったとある。〈要約文〉では the third year students of the club が主語になっているので，受け身〈be 動詞＋動詞の過去分詞〉で表す。主語 the third year students は複数で過去の文なので，be 動詞は were を使い，were told を入れる。

　私はブラスバンド部に入ってとても楽しかった。私は部活動を通じて多くのことを学んだ。私はそのことについて話したいと思う。

　私が１年生のころ，私の友達と私はブラスバンド部に入りたいと思っていたが，私たちの高校にはそれがなかった。だから私たちは音楽教師のタナカ先生にブラスバンド部を始めてくれるよう頼んだ。彼は私たちの顧問になってくれた。部には12人の生徒がいて，部員はみんな１年生だった。ある日，私たちはタナカ先生に「音楽を上手に演奏するにはどうしたらいいでしょうか。」とたずねた。するとタナカ先生は「私たちの部の目標を定めてはどうだろう。８月にコンサートを開こう。」と言った。私たちは「まあ，それはいい考えですね。」と言った。私たちはコンサートに向けて一生懸命練習し，タナカ先生は私たちに音楽を上手に演奏するいくつかのよいアドバイスを与えてくれた。コンサートを開くことは私たちにとってよい経験だった。私たちは聴衆の前で音楽を演奏して楽しんだ。

　次の春，新しい部員が私たちの部に加わった。私たちの部は部員が30人になった。６月，私たちにはある問題があった。とても一生懸命練習する理由を理解しないメンバーが何人かいたので，私たちは効果的に練習できなかった。そのときタナカ先生は「練習の計画について話し合って，あなたたちみんなにとって一番よい計画をあなたたちに決めてもらいたい。」と私たちに言った。そこで私たちは話し合い，関係はよくなった。私たちはもっと一生懸命練習すると決め，音楽を演奏することを楽しんだ。そのあともいくつか問題が起こったが，私たちはそれらを解決した。

　１年後，ブラスバンド・フェスティバルの日がやってきた。演奏の前，タナカ先生は私たちに「上手に演奏できると信じなさい。音楽を演奏することを楽しんで！」と言った。私たちは「ありがとうございます，タナカ先生。先生は私たちにいつもよいアドバイスをくれます。」と言った。演奏の間，私たちは音楽を演奏することをとても楽しんだ。私たちはフェスティバルで最も上手な部の１つになった。

　その次の日，タナカ先生は部の３年生に音楽室に来るよう言った。彼は「フェスティバルはあなたたちの部での最後の演奏だった。あなたたちの演奏は本当にすばらしかった。部の顧問として，最後のメッセージをあなたたちにあげよう。音楽を上手に演奏することはあなたたちにとってとて

も大切だね。でも，私はすべての部員に部活動を通じて問題をどうやって解決するかを学んでほしいと思っている。部でのあなたたちの経験は，あなたたちに問題が起こったときに役に立つだろう。」と言った。タナカ先生は私たちにとって本当によい先生だった。私は部でとても楽しい時間を過ごした。

　今，私には新しい目標がある。私は，タナカ先生のような音楽教師になりたいと思っている。

〈要約文〉

　トモコと彼女の友達が１年生だったころ，彼女たちはタナカ先生とブラスバンド部を始めた。彼女たちには，部活動でいくつか問題があったが，それらを解決した。

　ブラスバンド・フェスティバルの日，彼女たちは演奏の前にいくつかことばをかけてくれたことをタナカ先生に感謝した。彼女たちのブラスバンド部はフェスティバルで最も上手な部の１つとなった。

　フェスティバルの翌日，部の３年生はタナカ先生に音楽室に来るよう言われた。彼は，部の顧問として最後のメッセージを彼女たちに贈った。

2 1 「主語」の Hideo と，「時間」を表す At first 「最初は」に注目する。「最初は」とあるので文章の前半から似た表現を探す。本文５～６行目で，ヒデオは It is difficult for us to win the game.「ぼくたちにとって試合に勝つことは難しい。」と言っている。〈要約文〉では Hideo didn't think ～ .「ヒデオは～と思っていなかった。」となっているので，difficult「難しい」の反意語である easy「簡単な」を入れる。

2 主語の all of them「彼ら（＝チームメート）はみんな」と「時間」を表す After the last game「最後の試合後」に注目する。本文22行目に They all had a good time.「彼らはみんな楽しい時間を過ごした。」とある。これを〈要約文〉の表現にあてはめると「試合をすることを楽しんだ」と考えられる。よって playing を入れる。

　ダイスケは15歳の男子生徒だった。彼は学校のサッカーチームに入っていた。チームにはたくさんの部員がいた。彼らはみんな，とても熱心にサッカーを練習した。しかし彼らには大きな問題があった。彼らはどの試合にも勝てなかった。彼らは悲しく思い，心配していた。彼らは最後の試合に勝つために何かをしなければならなかった。

ある日の午後，チームのキャプテンのヒデオが
ダイスケに話しかけた。ヒデオは「ぼくらが試合
に勝つのは難しいよ。試合に勝つためには何をす
ればいいんだろうか。ダイスケ，何か考えはある
かい？」と言った。ダイスケは「ごめん，何もい
い考えはないよ。でも，考えるべきことが1つあ
ることはわかっているよ。ぼくらはサッカーが大
好きだ。ぼくらはみんな試合に勝ちたいと思って
いるし，それを楽しみたいとも思っているんだ。」
と言った。ヒデオは「うん，ぼくもそう思うよ。
いっしょにがんばれれば，試合に勝てるよ。」と
答えた。ダイスケは「その通り。試合中にお互い
助け合えれば，ぼくらは勝つよ。」と言った。

　数日後，ダイスケとヒデオはいっしょにテレビ
でワールドカップの試合を見ていた。試合後，有
名な選手が「試合中，ぼくらはほかの選手とたく
さん話したんだ。」と言った。ダイスケとヒデオ
は彼のことばを聞いて大切なことに気づいた。そ
れは試合中にほかのチームメートとよくコミュニ
ケーションを図るということだった。彼らのチー
ムでは，彼らは試合中にそうしていなかった。ヒ
デオは「明日，チームメートに教えなきゃ。」と
言った。

　その次の日，ヒデオはチームメートに「ぼくら
はどの試合にも勝ったことがない。なぜだろう？」
と言った。彼らは何も言わなかった。ヒデオはま
た，「ぼくらは互いにコミュニケーションを図っ
ていなかったからだよ。君たちはどう思う？」と
言った。1人の部員が「うん，その通りだ。ぼく
はいつもほかの選手に何も言わずにパスしていた
よ。」と言った。チームメートのみんながヒデオ
が正しいと思った。そこで，彼らは新しいルール
をつくった。「試合中にチームメートに話しかけ
ること」ということだった。

　数か月後，最後の試合の日がきた。チームのメ
ンバーはみんな互いによくコミュニケーションを
図った。彼らはみんな楽しい時間を過ごした。試
合が終わったとき，みんなとても楽しそうだった。
泣いている部員もいた。ダイスケはヒデオに走り
寄って言った，「ぼくらはやったんだ！」と。

〈要約文〉

　ダイスケは学校のサッカーチームのメンバー
だった。彼のチームはどの試合にも勝てなかった。
最初，彼のチームのキャプテンのヒデオはチーム
が試合に勝つのは簡単ではないと思っていた。し
かし，ダイスケとヒデオはワールドカップの試合
を見ることを通し，するべき何か大切なことを学
んだ。ヒデオは彼のチームメートのみんなにその
ことを話した。彼らはみんなお互いによくコミュ
ニケーションを図り，試合をすることを楽しんだ
ので，最後の試合のあと，全員がとてもうれしかっ

た。

例題和訳 本冊 ➡ P.50

　タケルは15歳の日本人の男の子だ。1年前，
彼は英語を学ぶことに興味がなかった。しかし，
彼は昨年，スズキ先生の英語の授業に参加した。
それが英語を学ぶことについての彼の考え方をか
えた。その授業で彼に何が起こったのだろうか。

　7月のある日，スズキ先生は生徒たちに「9月
に，授業でラブレターコンテストを行います。み
なさん全員が英語でラブレターを書くのです。」
と言った。クラスのみんながそれを聞いてとても
驚いた。彼女は「ルールが3つあります。ルール
その1。手紙は英語で書かなければなりません。
ルールその2。手紙は3文としてください。ルー
ルその3。ラブレターにしてください。あなたが
好きなだれにでも，または何にでも手紙を書いて
いいです。」と言った。ある男の子が「ぼくには
特別なガールフレンドがいません。だれに書けば
いいですか。」と彼女に言った。彼女は「もう一
度言いますね。あなたたちはあなたたちが大好き
な人や物に書いていいです。あなたたちが毎日使
う自転車やテニスラケットでもいいでしょう。」
と言った。クラスの全員がすべてのルールと書き
方を理解した。スズキ先生は生徒たちに，夏休み
の間にラブレターを書いて，9月に学校に持って
くるように言った。

　9月最初の英語の授業の日がやってきた。スズ
キ先生は「夏休みの間に宿題をやりましたか。手
紙をこの箱に入れてください。全部の手紙をのせ
たプリントをつくります。」と言った。

　次の授業でスズキ先生はみんなにプリントを
配った。それから，生徒たちに全部の手紙を読み，
一番よいものを選ぶように頼んだ。一番よい手紙
を選ぶことは生徒たちにはとても難しかったが，
彼らは読んで選ぶことを本当に楽しんだ。そして
彼女は「ありがとう，みなさん。あなたたちの手
紙は全部とてもよいですね。金曜日に一番のラブ
レターを読みましょう。さようなら。」と言った。

　金曜日がきた。生徒みんながとてもわくわくし
ていた。まもなくスズキ先生が教室に入ってきて，
「こんにちは，みなさん。わくわくしていますか？
一番のラブレターを知りたいですか？」と言った。
タケルは「はい，知りたいです。昨日の夜は
あまり眠れませんでした。」と言った。タケルの
友達はみんな，「どのラブレターが一番なんだろ
う？」と思った。一番のラブレターはこのような
ものだった。

　　走るととてもすてきだね。

　　ぼくを見る目はきれいだよ。

　　いっしょにいてくれたら，ぼくはいつも君のこ

とが大好きだよ。

それはタケルのラブレターだった。彼は驚いて，信じられなかった。彼は自分のイヌに手紙を書いた。彼はそれが本当に大好きだった。彼は「すばらしい気分だ！　ぼくは自分の気持ちや考えを英語で表現できるんだ。」と考えた。彼はとても興奮した。

その日から，タケルは英語をとても一生懸命勉強している。彼は英語で書くことはとても楽しいと学んだ。今，彼は英語を学ぶことにとても興味がある。

〈要約文〉

1年前，タケルは英語を学ぶことが好きではなかった。しかし，スズキ先生の英語の授業が彼の考え方をかえた。彼は彼の大好きなイヌに，英語でラブレターを書いた。そして彼の手紙はコンテストでクラスの一番の手紙となった。スズキ先生の授業に彼は驚き，わくわくした。今，彼は英語を学ぶことはとてもおもしろいと考えている。

（　）に入れるものがわからない
（　）に入る動詞はどれ？
動詞を変形して入れるとき
本冊 ➡ P.55

> (1)　**ア**　　(2)　**エ**

解説

(1)主語の One of my friends「私の友達の1人」は3人称単数。また，文末に now「今」があるので現在の文とわかる。よって live「住む」に3人称単数の s がついた**ア** lives を入れる。　**和訳** 私の友達の1人は今，東京に住んでいる。

(2)文末に last year「昨年」という過去を表す語句があるので win「勝つ」の過去形の**エ** won を選ぶ。　**和訳** 彼は昨年，学校の英語のスピーチコンテストで優勝した。

（　）の前が名詞のとき
本冊 ➡ P.56

> 2

文の動詞 look「見る」があり，名詞の the birds「鳥」が直前にあるので，分詞の形容詞的用法を使った文と考える。「空を飛んでいる鳥」と考えると意味が通るので，2. flying を選ぶ。　**和訳** 空を

飛んでいる鳥を見なさい。

（　）の前が動詞のとき
本冊 ➡ P.57

> **ウ**

直前にある like は目的語に動名詞と不定詞の両方をとることができる。動名詞の**ウ** writing を選ぶ。
和訳 私は祖父に手紙を書くことが好きだ。

ポイント like や start，begin などは，目的語に動名詞と不定詞の両方をとることができる。

（　）に入れるものがわからない
（　）に入る疑問詞はどれ？
本冊 ➡ P.59

> **1**　(1)　**ア**　(2)　**ウ**
> **2**　(1)　When　(2)　Whose

解説

B の答えの文から，A が何を知りたいのかを考える。

1(1)A の発言は「あなたの旅行の目的は（　）ですか。」という意味。これに B は「観光です。」と答えているので，A は「旅行の目的が『何か』」を知りたいとわかる。よって，**ア** What を選ぶ。

和訳
A：君の旅行の目的は何？
B：観光だよ。

(2)A の発言は「あなたは，世界に大使が（　）いるかを知っていますか。」という意味。これに B は「ええと，世界中に1300人くらい大使がいると聞いています。」と「数」を答えているので，A は「大使が『何人』いるか」と「数」が知りたいとわかる。よって，**ウ** how many を選ぶ。Do you know ＋ How many Envoys are there in the world? の間接疑問文。

和訳
A：世界に何人の大使がいるか知ってる？
B：ええと，世界中に約1300人の大使がいると聞いてるよ。

2 (1) Ａの発言は「あなたの誕生日は(　　)ですか。」という意味。これにＢは「4月10日です。」と「時」を答えているので，Ａは「誕生日は『いつ』なのか」を知りたいとわかる。よって，When を入れる。

(2) Ｂの発言は「これは(　　)かばんですか。」という意味。これにＡは「私のものです。」と答えているので，Ｂは「これは『だれの』かばんなのか」と「持ち主」を知りたいということがわかる。よって，Whose を入れる。

和訳
Ａ：行こう。
Ｂ：待って。ここにかばんがあるよ。これはだれのかばんかな。
Ａ：おお，それはぼくのだよ。教えてくれてありがとう。

（　）に入れるものがわからない
（　）に入る語句はどれ？
本冊 ➡ P.61

(1) **イ** (2) **エ** (3) **ア** (4) **エ** (5) **イ**

解説

(1)「比較のパターン」にあてはめる。as が続いているので，〈as＋形容詞の原級＋as〉の形にする。よって，**イ** as pretty が正解。**和訳** この花はあの花と同じくらいきれいだ。

(2)「時の前置詞のパターン」にあてはめる。時刻（6時30分）が続いているので，**エ** At が正解。

和訳
Ａ：ここに何時に来たの？
Ｂ：6時30分に。

(3)「時の前置詞のパターン」にあてはめる。日付（2011年11月24日）が続いているので，**ア** on が正解。**和訳** 2011年11月24日に私は奈良を訪れた。

(4)「比較のパターン」にあてはめる。ofが続いてい

るので〈the＋最上級＋of ～〉の形にする。よって，**エ** the best が正解。**和訳** 私はこのラケットが全部の中で最もよいと思う。

(5)「初めて」は for the first timeで表す。**和訳** 私の父は初めてゴルフをした。

並べかえができない
語句の並べかえができない
本冊 ➡ P.64

1 (1) You must change trains at Tokyo (Station.)
(2) (I'll give) you something to eat (.)
(3) (We) have been good friends since (we were in junior high school.)
(4) (Do you remember) where the Olympics were held (last year?)
(5) (She) has an older brother working in (Canada.)

2 (1) **エイオア** (2) **オイエウ**

3 (1) (I) did my homework until ten (o'clock.)
(2) (It is) a famous shrine which is loved by (many people.)
(3) (Could you show) me how to make it (?)

4 (1) 2531 (2) 4235 (3) 3514

解説

1 (1)組み合わせられそうな単語を探して，小さなまとまりをつくる。change trains で「電車を乗りかえる」。これと，主語の候補の you と助動詞 must に着目し，You must change trains とする。空所の直後の Station に着目し，at Tokyo Station のまとまりをつくる。**和訳** あなたは東京駅で電車を乗りかえなければならない。

(2)give は〈give＋人＋もの〉「（人）に（もの）をあげる」の形をとるので，give you something とする。残りは eat, to なので, to eat が something を後ろから修飾する〔形容詞的用法の不定詞〕と考え，something to eat とする。**和訳** 私はあ

なたに何か食べるものをあげよう。

(3) since, been, have から現在完了形〈have + 動詞の過去分詞〉の文と考え, We have been とする。since は〈since + 主語 + 動詞 〜〉「…が〜して以来」の形をとるので, since we were 〜 とする。残りの語から good friends をつくり, been のあとに置く。 **和訳** 私たちは中学生のころから仲のいい友達だ。

(4) Do you remember に続き, 疑問詞 where があるので間接疑問文と考える。よって, remember の直後に〈where + 主語 + 動詞〉を続ける。were と held から受け身〈be 動詞 + 動詞の過去分詞〉の文と考え, 残りの語から主語の the Olympics をつくり, the Olympics were held とし, where のあとに置く。 **和訳** 昨年どこでオリンピックが開かれたか覚えているかい。

(5) 主語は空所の外にある She なので, 三人称単数形の動詞 has と結びつけ She has とする。次に, 冠詞の an から an older brother のまとまりをつくる。また, 空所の直後の Canada から in Canada というまとまりをつくって working in Canada とし, brother を後ろから修飾する形にする〔現在分詞の形容詞的用法〕。 **和訳** 彼女にはカナダで働いている兄がいる。

2 (1)「A を B にしておく」は〈keep + A + B〉で表すので, まず keeps the room clean とする。残った always は, ふつう一般動詞の前に置くので, keeps の前に置く。(My mother) always keeps the room clean (.) で, 不要な語は**ウ** tells。

(2)「A に〜してほしい」は〈want + A + to + 動詞の原形〉で表す。wanted us to read の形にする。(Our teacher) wanted us to read (the book.) で, 不要な語は**ア** thought。

3 (1)「あなたは昨夜何をしましたか。」に対する答えなので「私は〜しました。」と答えると考え, I did my homework をつくる。残りから until ten o'clock をつくる。 **和訳** A：昨夜, 何をしたの。B：10時まで宿題をしたよ。

(2) まず is に着目し (It is) a famous shrine とする。残りの loved, by, is から受け身を含む文になると考え, is loved by many people とする。この2つを shrine を先行詞として関係代名詞

which でつなぐ。 **和訳** A：この写真の古い建物を知っている？ B：うん。それは多くの人に愛されている有名な神社だよ。

(3) show は〈show + 人 + もの〉「(人) に (もの) を教える」の形をとることに着目し, show me とする。次に how から〈how to + 動詞の原形〉「〜の仕方」の形を考え, how to make it とする。〈show + 人 + もの〉の「もの」の部分に how to make it を入れる。 **和訳** A：私はこの折り紙の鳥がつくりたいです。それのつくり方を私に教えてくださいませんか。 B：いいですよ。

4 (1) 動詞は is しかないので, Water is とする。残りの most, the に着目し, 最上級を使った文と考え, 空所の直後の thing とともに the most important thing のまとまりをつくる。many が不要な語。 **和訳** A：私たちは水なしでは生きられない。 B：その通り。水は地球上で最も大切なものだよ。

(2) call は〈call + A + B〉「A を B と呼ぶ」の形をとることに着目し, call it *keshigomu* とする。we を主語にして call の前に置く。say が不要な語。 **和訳** A：君の手にあるそれは何？ B：これは eraser だよ。日本語で消しゴムと言うよ。

(3) a music から a music teacher とする。by, loved に着目し, loved 〜 が名詞 teacher を後ろから修飾すると考え, teacher loved by のまとまりをつくる〔過去分詞の形容詞的用法〕。文末の students に着目し, by her students とする。during が不要な語。 **和訳** A：君のお姉さん[妹さん]はどんな先生？ B：彼女は生徒に愛されている音楽の先生だよ。

> **ポイント** 分詞の形容詞的用法や関係代名詞など, 複雑な修飾語句のある問題では, 文を「骨格部分」と「それ以外の部分(修飾部分)」にわけてから考える。

並べかえができない
英文の並べかえがやややこしい

5

解説

まず，Cの接続詞 Because に着目。Because は疑問詞 why で始まる疑問文に答えるときに使うので，空所の最初に入るのはC。次に，Aの接続詞 But と代名詞 it に注目する。it がCの breakfast「朝食」を指すと考えると，Aは「それ（＝朝食）を食べない生徒がいる」という意味の文で，Cの「朝食を食べるより一生懸命勉強できる」と逆の内容となり，but でつながるので，Cのあとには A が続く。最後にBの代名詞 They がAの some students を指すと考えると，「彼ら（＝何人かの生徒）はそれのための時間がないと言う」となり，意味が通るので，AのあとにBが続く。

和訳

なぜ毎朝，朝食を食べることがとても大切なのだろうか。なぜなら，朝食を食べるとより一生懸命勉強できるからだ。しかし，それを食べない生徒もいる。彼らはそのための時間がないと言うのだ。彼らはまた，早く起きられないとも言う。もしそのようなことを言う友達がいたら，彼らにこう言ってほしい，「毎日早起きして朝食を食べるべきだ」と。

例題和訳 本冊 ➡ P.66

しばらくしてからのある日，その老人の息子がその馬のうちの一頭に乗ろうとしていた。彼は落馬し，脚を折ってしまった。「ああ，運の悪いやつだ！ だれがお前を助けてくれるんだ？」と村人たちは言った。老人は「運が悪いと言うのか？ だれがわかるものか。これは運がいいのかもしれん。」と言った。

しばらくして，国境付近で戦争が始まり，軍隊が村を通り過ぎた。軍隊はすべての若者を戦争に連れていこうとした。しかしそのとき，老人の息子は脚が折れていた。だから，軍隊は彼を戦争に連れていかなかった。

並べかえができない
「できごとが起こった順」が わからない
本冊 ➡ P.70

イ→エ→ウ→ア

解説

まず，選択肢の内容を確認する。

ア「6か月間，ベティととても熱心に練習したあと，メアリーは競争で新記録を出した。」イ「ベティはメアリーとほぼ同じ速さで泳いだが，ベティは一度もメアリーより速く泳いだことがなかった。」ウ「メアリーは2週間練習しに行かなかった。そして彼女はベティから手紙をもらった。」エ「ベティは競争で初めてメアリーを負かし，メアリーはショックを受けた。」

次に，「時」を表す語句に注意して，選択肢のできごとと本文の記述の対応を整理する。

●本文5～6行目 She swam almost as fast as Mary, but Mary always swam faster than Betty.「彼女（＝ベティ）は，メアリーとほぼ同じ速さで泳いだが，メアリーはいつもベティより速く泳いだ。」＝イの選択肢の内容

●本文8～9行目 One day, Mary was defeated by Betty in a race. That was a first experience for her. She was shocked.「ある日，メアリーは競争でベティに負けた。それは彼女にとって初めての経験だった。彼女はショックを受けた。」＝エの選択肢の内容

●本文 12～13行目 Mary stopped going to the swimming club.「メアリーは水泳クラブに行くのをやめた。」，22行目 Two weeks later, a letter arrived for Mary. She opened it. It was from Betty.「（水泳クラブに行かなくなってから）2週間後，メアリーに一通の手紙が届いた。彼女はそれを開けた。それはベティからだった。」＝ウの選択肢の内容

●本文 39行目 The next day, Mary went to the swimming club.「（ベティから手紙をもらった）その次の日，メアリーは水泳クラブに行った。」，42～43行目 For six months, Mary practiced very hard with Betty. Then she made a new record in a race.「6か月間，メアリーはベティととても一生懸命に練習した。それから彼女は競争で新記録を出した。」＝アの選択肢の内容

和訳

メアリーは中学生だった。彼女の家族は水泳が大好きだった。彼女の2人の兄のジョンとトムは，市で最も優れた水泳選手だった。彼女の両親は体育教師だった。家族でいちばん下の子どものメアリーも水泳がとても得意だった。彼女は毎日放課

後，市の水泳クラブで水泳を練習した。彼女には そこにライバルがいた。彼女の名前はベティだっ た。彼女は，メアリーとほぼ同じ速さで泳いだが， メアリーはいつもベティより速く泳いだ。彼女は 競争でメアリーを負かしたことは一度もなかっ た。彼女たちはお互いを知っていたが，あまり話 さなかった。メアリーとベティは2人ともいつも， お互いより速く泳ぎたいと思っていた。

　ある日，メアリーは競争でベティに負けた。そ れは彼女にとって初めての経験だった。彼女は ショックを受けた。その競争のあと，メアリーは タイムを更新できなかった。まず彼女は，より一 生懸命練習し始めた。それから彼女は，水泳を練 習するためのほかの方法を教えてくれるように コーチに頼んだ。彼女はそのそれぞれに従った。 しかし，うまくいかなかった。彼女は何をすれば よいかわからなかった。ベティも一生懸命に練習 し，記録を更新した。メアリーは水泳クラブに行 くのをやめてしまった。

　メアリーの家族は彼女を心配した。彼らは彼女 に助言をした。母親は彼女に「みんなそういう経 験があるのよ。」と言った。父親は彼女に「心配 するな。ただ練習を続けなさい，そうすればすぐ にタイムはよくなるよ。」と言った。兄のジョン は彼女に「ほかのスポーツをしてみたら？ それ が君の役に立つと思うよ。」と言った。兄のトム は彼女に「君はゆっくり泳いでみたらいいと思う よ。水泳のフォームについて考えるようにしてご らん。ぼくはひどい不調に陥ったときは，ときど きそんなふうに練習するよ。」と言った。メアリー は彼らが彼女に対してどう思っているのかわかっ ていた。しかし彼女は練習に行かなかった。毎日 放課後，彼女はただ家にいた。彼女は，自分の生 活をどうすべきかについて思いをめぐらせていた。

　2週間後，メアリーに一通の手紙が届いた。彼 女はそれを開けた。ベティからだった。彼女は， ベティから手紙をもらって驚いた。彼女はそれを 読み始めた。

拝啓　メアリー様
　私は2週間あなたに会っていません。大丈 夫ですか。あなたがいなくてとてもさみしい です。私はいつもあなたより速く泳ぎたいと 思っていましたが，今は以前ほど一生懸命に 練習することができません。私は，私には本 当にあなたが必要だとわかりました。どうか また，クラブに戻ってきてくださいね！
敬具
ベティ

メアリーはその手紙を読んで，自分がベティに

とって大切な存在なのだとわかってうれしかっ た。そして彼女はいくつかのことを思い出した。

　「ベティが熱心に練習してタイムを更新したと き，私はもっと練習したいと思ったわ。私が水泳 の競争で新記録を出したとき，ジョンとトムはと ても喜んでくれたわ。私が初めて25メートル泳 ぐことができたとき，お父さんは私よりも興奮 していたわ。」

　メアリーは，自分の家族がいつも自分を助けて くれていたことを知った。「家族の助けのおかげ で，私は水泳を続けることができた。そして私に は，私といっしょに水泳を練習するすばらしいラ イバルがいるわ。」と彼女は思った。彼女は再び 泳ぐことを決めた。

　次の日，メアリーは水泳クラブに行った。ほか の水泳選手たちは彼女に親切に声をかけた。彼女 はベティに会った。ベティはメアリーに「いっしょ に練習しましょう！」と言ってほほえんだ。メア リーは彼女にまた会えてとてもうれしかった。

　6か月間，メアリーはベティととても一生懸命 に練習した。それから，彼女は競争で新記録を出 した。メアリーはとても幸せだった。彼女は，自 分とベティはよい友達だと知った。そしてそのこ とで彼女はさらにうれしくなった。

例題和訳 本冊 ➡ P.68

　9月のある日，英語教師のスズキ先生が新しい 外国人の英語の先生をユキのクラスに連れてきた。 「こちらはメアリーさんで，あなたたちの新しい ALTです。メアリーさん，これはあなたの初め ての授業なので，あなた自身について話していた だけますか。」と彼は言った。メアリーは「わか りました。はじめまして，みなさん。私はメアリー です。私はオーストラリア出身です。私はオース トラリアの大学で日本語を学びました。私はALT として働くことにとてもわくわくしています。今 日の英語の授業を楽しみましょう。」と言った。

　数週間後，メアリーは友達のルーシーと話した。 「メアリー，あなたは音楽が好き？」とルーシー が言った。「ええ，もちろん。」とメアリーは言っ た。ルーシーは「私は約3か月間，ことを練習し ているの。それを演奏しているととてもくつろぐ のよ。」と言った。メアリーは「私もそれを練習 したいわ，ルーシー。」と言った。「次の土曜日に 私といっしょにそれを練習できるわよ。」とルー シーが言った。「本当？ それを聞いてうれしい わ。」とメアリーが言った。

　次の土曜日，メアリーは初めてことのけいこを 受けた。そのあと彼女はルーシーの日本人の友達 のナオコと話した。ナオコは「国際的な祭典のた めにことを練習している外国人が何人いるの。

それは来年の１月に開催されるのよ。メアリー，彼らに加わってみてはどう？」と言った。メアリーは「もちろん参加する。私はその祭典のために一生懸命にことを練習するつもりよ。」と言った。

　12月のある日，メアリーはユキの英語の授業でその国際的な祭典について話した。「私はその祭典で友達とことを演奏します。それで今，私はそれをとても熱心に練習しています。その祭典にはたくさんの外国人が来ます。そこであなたたちは彼らに話しかけたり，彼らの国について多くのことを学んだりできます。」とメアリーは言った。「おもしろそうだわ。友達にいっしょにそこに行ってくれるように頼んでみよう。」とユキは思った。

　１か月後，ユキと彼女の友達のリカはその祭典に行った。彼女たちはメアリーを見つけた。彼女は着物を着ていた。「きれいですね，メアリー先生。」とリカが言った。「ありがとう，リカ。私の友達と私はもうすぐことを演奏するわ。私はとても緊張しているの。」とメアリーが言った。「心配しないで，メアリー先生。先生はとても一生懸命ことをけいこしたんです。ことの演奏を楽しんでくださいね。」とユキが言った。「ありがとう。そうするわ。」とメアリーが言った。彼女たちの演奏はとても上手だった。演奏のあとで，ユキとリカはメアリーと写真を何枚か撮った。

　その祭典には，様々な国からのたくさんの種類の食べ物があった。メアリーは家でクッキーをつくり，その祭典に持ってきた。ユキとリカは彼女のクッキーを食べた。それらはとてもおいしかった。彼女たちは昼食にインド出身の人々によってつくられたカレーも食べた。少しからかったが，とてもおいしかった。

　昼食後，ユキとリカはメアリーの友達と英語で話した。メアリーがユキとリカを手伝ったので，ユキとリカは彼らの話を理解し，彼らの国の文化についていくつかのことを学んだ。ユキとリカはその祭典をとても楽しんだ。

　家に帰って，ユキはその祭典について母親と父親に話した。彼女の母親は「ユキ，あなたはその祭典でとてもいい経験をしたわね。」と言った。ユキは「その祭典には，外国から来たたくさんの人々がいたの。彼らは日本の文化について学んでいたわ。今，私も日本の文化についてもっと学びたいと思うの。」と言った。「君は日本の文化についてもっと知るべきだよ。ほかの国の文化をよりよく理解したいと思うなら，それも大切なことなんだよ。」と彼女の父親は言った。

英作文が書けない
英語に英語で答えるなんて無理

本冊 ➡ P.74

1　(1)　(He used) Naoto's[Nao-san's] (road bike).

　　(2)　(They rested) Twice[Two times].

2　(1)　Tomoko's father could.

　　(2)　(She decided) To study English harder and learn more about Japan.

解説

1 (1)まず，質問の文から答えの文の形を決める。質問は「浩は土曜日にだれのロードバイクを使いましたか。」という意味。whose「だれの」は所有者をたずねる疑問詞なので，答えの文は He used ～'s (road bike).「彼は～のもの[ロードバイク]を使った。」となる。本文６～７行目より，浩は直人のロードバイクを使ったとわかるので，He used Naoto's[Nao-san's] (road bike). となる。(2)質問は「浩と直人は湖に来る前に何回休憩しましたか。」という意味。How many times ～?「何回～」は回数をたずねる表現なので，答えの文は They rested ～ times.「彼らは～回休憩した。」となる。本文９～10行目で一度，本文19行目でもう一度休憩しているので，合計２回休憩したとわかる。よって They rested twice. となる。twice は two times と表すこともできる。

和訳

　直人は高校生で，ぼくの家の近くに住んでいる。ぼくは彼が好きで，彼をナオさんと呼ぶ。彼はロードバイクとサイクリングが大好きだ。

　この前の９月のある日，ぼくはナオさんにサイクリングにいっしょに行ってくれるように頼んだ。彼はほほえんで「いいよ。今度の土曜日に，山の上にある湖に自転車で行くつもりなんだ。そこはとても美しい場所なんだよ。以前そこに行ったことはあるかい？」と言った。「ないよ。」とぼくは答えた。「それじゃあ，ぼくといっしょに行くべきだ。君はロードバイクを持っている？」「いいや，ナオさん。ぼくの自転車はロードバイクじゃないんだ。」彼は「ぼくは父のロードバイクを使うから，君はぼくのを使っていいよ。いっしょにサイクリングを楽しもう。」と言った。

土曜日がきた。「浩，まずは町を通りぬけていくよ。さあ行こう。」ナオさんとぼくの旅が始まった。１時間ほどして，ぼくたちは町を出たところで最初の休憩を取った。ぼくは「君のロードバイクはとてもすばらしいよ。君の自転車に乗っていると速く走れるんだ。そんなにきつくないよ。」と言った。彼は「それはよかった。町をぬけるのは簡単だったね。けれど今から山を登るのは大変になっていくよ。湖に着くまでには，２，３回休憩を取らないといけないね。」と答えた。ぼくは「山を登るときも大丈夫だから，休憩なんていらないよ。」と言った。

ナオさんとぼくは山を登り始めた。彼に自転車でついて行くのがきつくなってきた。ぼくは本当に休憩したかったが，それをナオさんに言えなかったので，ぼくたちは止まらなかった。およそ２時間後，ついに湖が見えた。彼は「もうすぐ湖に着くよ。」と言った。ぼくはあまりに疲れていたので，突然足が動かなくなり，転んでしまった。「大丈夫かい？」とナオさんがたずねた。「うん，けれど，ぼくは君のロードバイクに大きな傷をつけてしまったよ。ごめんなさい，ナオさん。」「心配しなくていいよ。」それからぼくたちは長い休憩を取った。そのあと，ぼくたちは自転車を押して湖まで歩いていった。

2 (1)まず，質問の文から答えの文の形を決める。質問は「だれが偕楽園の歴史についての質問に答えることができましたか。」という意味。who「だれ」は人についてたずねる疑問詞で，ここでは疑問文の主語になっている。よって，答えの文は 〜 could.「〜ができた。」となる。本文12〜13行目より，質問に答えられたのはトモコの父親なので，<u>Tomoko's father</u> could. となる。

(2)質問は「トモコは彼女の父親のようになるために何をすることを決めましたか。」という意味。what「何」はものや事柄をたずねる疑問詞なので，答えの文は She decided <u>to</u> 〜.「彼女は<u>〜すること</u>を決めた。」となる。本文27〜28行目に，「トモコは英語をもっと一生懸命勉強し，日本についてもっと多くのこと学ぶと決めた」とあるので，She decided <u>to study English harder and learn more about Japan</u>. となる。

> **ポイント** 答えの文の主語は代名詞にしよう。

> **和訳**
> トモコは英語が大好きだ。彼女はとても上手に

英語を話せる。彼女の父親は英語の先生なので，彼も英語をとても上手に話せる。彼女は，父親のようになりたいと思っている。

ある日，トモコは水戸に父親と買い物に行った。水戸駅で，彼女は２人の外国人を見かけた。彼らは，英語を話しながら地図を見ていた。彼女は彼らに「こんにちは！　何かお手伝いをしましょうか。」と言った。

彼らの１人がトモコを見て，「ええ，お願いします。私たちに偕楽園（かいらくえん）への行き方を教えてくれますか。それはとても美しい公園だと聞いています。」と言った。

「向こうのバス停でバスに乗ってください。」とトモコは答えた。「どうもありがとう。」と彼らは言ってほほえんだ。「どういたしまして。」とトモコは言って，いい気分だった。「ほかにご質問はありますか。」と彼女は続けた。もう一方の人が「だれが偕楽園を造園したか知っていますか。それはいつ造られたのでしょう？」と言った。

トモコは彼の英語を理解できたが，彼の質問に答えることができなかった。そのとき，トモコの父親が彼女を助けて，彼に英語で答えた。トモコの父親と２人の外国人は，偕楽園の歴史について話して楽しんだ。彼女はその歴史について何も知らず，彼らの話に加われなかったので，とても悲しく感じた。

彼らが家に帰ったとき，トモコの父親が彼女に「どうしたのかな。とても悲しそうだよ。」とたずねた。彼女は彼に「私は英語が話せると思うけれど，彼らに自分の町について教えてあげられなかったわ。」と言った。彼女の父親は「君に見せたいものがあるよ。いっしょに来て。」と言った。

彼の部屋で，彼女は英語と外国の文化についてのたくさんの本を見つけた。しかし，日本の文化や伝統，歴史についての本もまた，たくさんあった。トモコは彼女の父親に「お父さんは，これらの本の全部を読んだの？」とたずねた。

彼女の父は「うん，もちろん。今，君はどうして私が偕楽園の歴史についての質問に答えられたかわかっただろう。」と答えた。彼女の父親は「英語は世界中で使われている言語だから，私たちが英語を勉強することはとても重要だけれど，私たちが私たちの国について学ぶことも大切だよ。日本は私たち自身の国なんだ。それは私たちが誇ることのできる国なんだ。」と続けた。トモコは「私はお父さんのように英語をとても上手に話したいとずっと思ってきたの。でも今は，私はお父さんのように，外国から来た人々に英語で日本について教えてあげたいと思うわ。」と言った。トモコは英語をもっと一生懸命勉強し，そして日本についてもっと多くのことを学ぶことを決めた。

あなたたちは今までに低床バスに乗ったことがありますか。「はい」と言う人もいるだろうが,「いいえ」と言う人もいるだろう。数か月前,祖母と私は図書館に行くために低床バスに乗った。低床バスに乗るのは私にとって初めてのことだった。

祖母はひざを痛めていて,たいてい低床バスに乗る。祖母にとってステップのあるバスに乗るのは難しいことだ。

私が低床バスに乗っているとき,何人かのお年寄りがバスに乗り込んできた。そのバスにはステップが無かったので,彼らは容易にバスに乗ることができた。私は,低床バスはお年寄りにとってとてもよく設計されていると思った。

2週間後,私たちは授業で自分たちの市での生活について考える機会があった。先生は私たちに「私たちの市ではたくさんのよい事業が行われている。これらの事業は私たちの生活をよりよくしてくれるんだ。さて,私はみんなにその事業のうちのいくつかについて話してもらいたいと思っている。」と言った。それから,私たちはグループでそれらについて話し始めた。

私のグループで,私たちは低床バスについて話した。私は「低床バスはお年寄りにとってよく設計されている。」と言った。私のグループのみんなは低床バスに興味があるようだった。ある生徒は「低床バスがお年寄りにそんなにも役に立っていると気づかなかった。私たちの市にはたくさんのお年寄りがいる。私たちは彼らのために,もっと多くの低床バスを運行させるべきだ。」と言った。それから別の生徒が「私は低床バスはお年寄りのためだけに設計されたとは思わない。私たちは,低床バスについてもっと多くの情報を得るべきだ。放課後,市役所に行こう。」と言った。

市役所で,私たちはそこの男性に話しかけ,低床バスについての質問をした。彼は私たちに「低床バスはお年寄りのためだけのものではないんだ。それはほかの人たちのためにも設計されているんだよ。私たちは,私たちの市に住むみんなのことを考えるべきだ。私たちにはみんなのために設計されたものがもっと必要だ。」と言った。赤ん坊,子ども,若い人,お年寄りが私たちの市に住んでいる。中には身体に障害のある人もいる。私たちはときどき,自分自身のことだけを気づくが,それらの人々のことも気づくべきだ。

この市に住む人として,私はみんなを幸せにしたい。私たちにとって,ほかの人たちの視点から物事について考えることが大事だ。それが,私がこの授業で学んだことだ。私たちの市でよりよい生活を送るため,いっしょに努力しよう。

英作文が書けない
絵に合わせて作文するのがニガテ
本冊 ➡ P.77

1 (1) soccer　　(2) four

2 〔例〕Can[May] I close the window? (5語)

3 **場面A** 〔例〕(Jiro) was thinking about his mother's birthday(.) (6語) He decided to make a cake as a birthday present(.) (10語)

　　場面B 〔例〕(Jiro) gave the cake to his mother(.) (6語) The cake made her very happy(.) (6語)

4 ① 〔例〕(One day,) she said to Akiko, "Let's go to see the fireworks."

② 〔例〕(When she got home,) she told her mother about the fireworks festival. Her mother said she could wear a *yukata*.

③ 〔例〕(On the morning of the fireworks festival,) it was raining. She thought she would not be able to see the fireworks.

④ 〔例〕(But in the evening,) the rain stopped. Yumi and Akiko enjoyed seeing the fireworks.

解説

1(1) A に「その少年は何をしていますか。」とたずねられた B が「彼は□□□をしています。」と答える場面。絵の内容を日本語で説明すると「少年がサッカーをしている様子」。よって,soccer「サッカー」が正解。

和訳

A:その少年は何をしていますか。
B:彼はサッカーをしています。

(2) A に「何冊の本がありますか。」とたずねられた B が「□□□冊あります。」と答える場面。絵の内容を日本語で説明すると「本が4冊」。よって,four「4」が正解。

A：何冊の本がありますか。
B：4冊あります。

2 絵の内容は，寒そうにしている少年が窓を指さしながら少女に声をかけ，それを受けて少女が「いいですよ。」と答えている様子。よって，「窓を閉めてもいいですか。」などが入る。

少年：寒いな。窓を閉めてもいい？
少女：いいよ。

3 **場面A**「2文で」とあるので，絵の内容を2点に整理する。①次郎は母親の誕生日に何をしようかと考えている。②次郎は母親の誕生日にケーキをつくることを思いついた。次に①，②を英文にしやすい日本語で表現する。①は「次郎は母親の誕生日について考えた。」などが入る。②は「次郎は誕生日プレゼントとしてケーキをつくることを決めた。」などが入る。

場面B同じく，絵の内容を2点に整理する。①次郎は母親に自分がつくったケーキをあげた。②次郎の母親はケーキをもらってとても喜んだ。次に①，②を英文にしやすい日本語で表現する。①は「次郎は母親にそのケーキをあげた。」などが入る。②は「そのケーキが彼女をとても幸せにした。」などが入る。

4 ①花火があるので，ユミがアキコに花火を見にいこうと誘っている場面と考える。「(ある日,)彼女はアキコに『花火を見にいこう。』と言った。」などの英文が考えられる。
②ユミが母親に花火について話し，それを聞いた母親が浴衣を出してきた場面と考える。「(家に帰ると)ユミは母親に花火大会のことを話した。母親は浴衣を着ていいと言った。」などの英文が考えられる。
③雨が降っていて，花火を見ることができないだろうとユミが思っている場面と考える。「(花火祭りの朝,)雨が降っていた。彼女は花火を見ることはできないだろうと思った。」などの英文が考えられる。
④ユミとアキコは花火を見ているので，雨がやみ，彼女たちは花火を見ることができた場面と考える。「(しかし夕方に)雨はやんだ。ユミとアキコは花火を見て楽しんだ。」などの英文が考えられる。

本冊 ➡ P.76

母：どうしたの？
知美：かばんが見つからないの。
母：心配ないわ。いすの下にあるわよ。

英作文が書けない
自分の意見や理由をまとめられない

本冊 ➡ P.81

1 ① 〔例〕(If I can use English well,) I can talk with many people from other countries(.)（9語）
② 〔例〕(To improve my English,) I am listening[I will listen] to many English songs(.)（7語）

2 〔例〕Our field trip is my best memory. We visited the castle in our city last year. It was interesting for me to study the history of our city.(28語)

3 〔例〕I think so. / They can feel that they are needed by other people.(10語)

4 〔例〕I'm interested in baseball because it's an exciting sport. I will play it in high school.(16語)

5 ① 〔例〕I'm going to talk about spring vacation.
② 〔例〕I want to visit my grandfather and grandmother.
③ 〔例〕They like talking with me, so I'd like to tell them about my junior high school life. My grandmother can make good fruit cake. I hope she will teach me how to make it.

6 〔例〕Reading books (makes me happy.) I like reading books, and I often go to the school library. Now I am interested in books about science.

I am happy to learn a lot of things from them.（31語）

解説

1 ①自分の本当の意見でなくてもよいから，英語で書きやすい内容を考える。まず，日本語で候補を複数考え，5語以上の英語で書けそうなものを選ぶ。テーマは「英語と私」だから，①の主語も「私」と考え，「もし私が英語を上手に使えたら，私は～できる。」などの形にすれば，「～できる」〈can＋動詞の原形〉を使って簡単に表現できる。〔例〕は「外国から来たたくさんの人々と話をすることができる。」という意味。
②文頭の To improve は「～するために」という意味を表す副詞的用法の不定詞。英語を上達させるために何をすればよいか，英語で書きやすい内容を考える。〔例〕は「私はたくさんの英語の歌を聞いている[聞くつもりだ]。」という意味。

和訳

テーマ「英語と私」
　英語は世界中の多くの異なった場所で使われている言語だ。
　将来，それを使う機会がもっと増えるだろう。英語を上手に使えたら（　①　）。
　英語を上達させるために（　②　）。

2 英文は「こんにちは，みなさん。あなたたちはもうすぐ卒業します。あなたたちは学校生活の中でたくさんのすばらしい思い出があると思います。一番の思い出の1つについて教えてくれませんか。」という意味。訪れた場所やそこでしたことなど，英語で書けそうな文を考える。

3 英文は「すべての中学生がボランティア活動をすべきだ。」という意味。まず英語で書きやすそうな理由を選び，次にその理由から導かれる結論を考える。〔例〕は「私はそう思う。彼らは自分がほかの人々によって必要とされていると感じることができる。」という意味。

4 「興味や関心を持っていること」は be interested in ～「～に興味がある」を使って表す。「理由や説明」のうち，「理由」は，〈because＋主語＋動詞～〉「（なぜなら）～なので」か，so「だから」を使う。〔例〕は because を用いたもので「野球はわくわくするスポーツなので，私は野球に興

味を持っている。私は高校でそれをするつもりだ。」という意味。

5 ①be going to を使うので，主語の I に合わせて be 動詞は am にして I am going to ～.とする。
②指示にしたがって「～したい」〈want to ＋動詞の原形〉を使って書く。〔例〕は「私は祖父母を訪ねたいと思う。」という意味。
③②の理由を書く。③を英語で書きやすいように②の内容を決める。③は3文以上で書かなければならないが，語数の条件はないので，短い文でもいいのでミスをしないように書く。〔例〕は「彼らは私と話すのが好きなので，私は彼らに私の中学校生活について話したい。祖母はおいしいフルーツケーキをつくることができる。彼女が私にそれのつくり方を教えてくれたらいいなと思う。」という意味。

6 ウッド先生の指示は「この授業で，私はあなたたちにスピーチを書いてもらいたいと思っています。音楽を聞くのが好きな人もいれば，本を読むのが好きな人もいます。さて，黒板を見なさい。『音楽を聞くこと』か『本を読むこと』のどちらかを選んで，この文を完成させなさい。スピーチを始めるのにこの文を使いなさい。」という意味。第1文の make は〈make＋A＋B〉で「AをBにする」という意味を表す。listening to music「音楽を聞くこと」と reading books「本を読むこと」のどちらを入れるかは，どちらが2文目以降を英語で書きやすいかで決める。〔例〕は reading books を入れて書いたもので，「本を読むと私は幸せになる。私は本を読むことが好きで，よく学校の図書室に行く。今，私は科学についての本に興味を持っている。私はそれらからたくさんのことを学ぶことができてうれしい。」という意味。

英作文が書けない
長文の内容をふまえた作文が難しい

本冊 ➡ P.85

(1) 〔例〕I want to work at[in] a hospital.（7語）

(2) 〔例〕Because I want to be a nurse to help sick people.（11語）

解説

(1)「どこで働きたいですか。」と問われているので，「〜で働きたいです。」と答える。長文と問題から使えそうな表現を探し，それに合わせて答えを考える。「〜したい。」は〈want to ＋動詞の原形〉で表す。「〜で働く」は本文の１～２行目を参考に〈work at[in] ＋場所〉で表す。主語はＩ「私は」になるから，〈I want to work at[in] ＋場所．〉の形にする。「場所」として使える語は，本文中では school「学校」くらいだが，bookstore「書店」，hospital「病院」，library「図書館」など，身近な場所から答えが書きやすいものを選ぶ。

(2)「なぜ」と問われているので，〈Because ＋主語＋動詞 〜．〉「（なぜなら）〜だからだ。」で理由を答える。その場所で職場体験学習をしたい理由なので，「なりたい職業」と結びつけて理由を書くのが簡単。本文中の school, teacher, I feel happy when 〜．などの語句も参考にする。「８語以上」という条件があるが〈Because I want to be a ＋「職業名」．〉だけだと７語なので，an English teacher「英語の先生」のように「職業名」に修飾語句をつけるか，in the future「将来」などの時を表す語句などを付け加えて，語数を調整する。

> **ポイント** 語数指定のある問題では，副詞や形容詞をうまく使って語数を調整しよう。

和訳

圭太：ぼくはレストランで３日間働きました。ぼくはたくさんの皿を洗ったり，いくつかの注文を取ったりしました。

麻里：私は保育園で働きました。私は子どもたちと遊んだり，彼らに絵本を読んだりしました。

ブラウン先生：仕事は楽しかったかい？

圭太：はい。皿をたくさん洗うことはとても大変でしたが，お客さんたちがぼくに「ありがとう。」と言ってくれて，ぼくはうれしく感じました。

麻里：私は子どもたちと遊んで楽しかったです。私が彼らに絵本を読んだとき，私は先生たちと同じくらい上手にそれを読もうとしました。子どもたちはみんな私の話に耳を傾けてくれたので，私はとてもうれしかったです。

ブラウン先生：君たち２人はよい経験をしたね。

例題和訳 本冊 ➡ P.84

彼らがぼくの話を聞いたあと，父が「バス停では，その男の人が君を（君が乗る）バス停まで連れていってくれたし，バスの中ではその高校生がそのお年寄りの女性に席を譲った。彼らはとても親切だった。君もまた彼女に席を譲りたいと思っていたけれど，できなかったんだね。」と言った。彼はそれについてそれ以上は何も言わず，ほほえんでぼくの肩を軽くたたいた。

あなたは父がぼくに本当は何を言いたかったかわかるだろうか。夕食後，ぼくは彼のことばについて考えた。彼は，ぼくにほかの人々によいことをする勇気を持ってもらいたかった。ぼくは「助けを必要としている人々を見つけたら，ぼくは何をすべきなんだろうか。」と自問した。ぼくたちが知らない人々に「何かお困りですか。」と声をかけることはたやすいことではないが，ぼくはそうするように努力することを決めた。ぼくは本当にその高校生のような人間になりたかった。

英作文が書けない
与えられた設定で作文するのがニガテ
本冊 ➡ P.87

1 〔例〕sensu ／ We use it when we feel hot. Many Japanese people use one in summer. I bought it in Kyoto. It has a beautiful picture on it. I hope you like it.

2 〔例〕In our school soccer is a very popular sport, and a lot of students play soccer after lunch. You can play it with us.(24 語)

解説

1 ホームステイ先に持っていくものなので，日本的なプレゼントや，説明しやすいものを選ぶ。扇子を日本語で説明し，「暑いときに使う」，「夏に多くの人が使う」，「きれいな絵がそれにのっている」などの特徴を考えて，簡単な英語で表現する。主語は we や many people, it, 動詞は use, have などが使える。「暑いとき」when we feel hot，「多くの人」many people，「〜に…がのっている」have[has] ... on 〜などと表す。ただし，前後のつながりのある文章になるように，

また，5文以上で書くことに注意する。

2 簡単な英語で伝えられる内容を考える。「人気の
スポーツはサッカー」とすると，「多くの生徒が
サッカーをする」，「いっしょにそれをすること
ができる」という文が考えられる。a lot of
students play soccer や you can play it with us
という簡単な英語で表現するとよい。

ぼくはもうすぐ君たちの学校に行き，2週間いっ
しょに勉強する予定だ。ぼくは君たちの学校につ
いて知りたい。それについてぼくに教えてくれ
る？　ぼくはそれについて家族と話すよ。

英作文が書けない
「そのまま英訳」ができない

本冊 ➡ P.90

1 a 〔例〕I am glad that you remember(ed)
　　 my birthday(.)
　　b 〔例〕I want you to cook[make]
　　 it[champon] for your family(.)

2 1．〔例〕I don't know what you mean.
　　2．〔例〕Can I leave a message?
　　3．〔例〕What do you think of this plan?

3 (1) 〔例〕Can I see them?
　　(2) 〔例〕They are popular.

解説

1 a 主語を補う。「私はあなたが私の誕生日を覚え
ていてくれてうれしい。」という文と考える。文
の骨格は「私は〜うれしい。」なので，I am glad
that 〜．で表す。that 以下は，「あなたが私の誕
生日を覚えていて」なので，you remember(ed)
my birthday とする。
　　b「私はあなたにあなたの家族のためにそれ(＝
チャンポン)をつくってほしい。」という文と考
える。文の骨格は「私はあなたに〜してほしい。」
なので，I want you to 〜．で表す。to のあとは
「あなたの家族のためにそれ(＝チャンポン)をつ
くる」なので，cook[make] it[champon] for
your family が続く。

2 1．「私はあなたが何を言っているのかわからな

い。」と，主語を日本語で補って英語にする。文
の骨格は「私は〜わからない。」なので，I don't
know 〜．とする。「あなたが何を言っているの
か」は間接疑問〈疑問詞＋主語＋動詞〉what you
mean を know のあとに続ける。
　　2．「伝言してほしい」は，「(私は)伝言を残して
もいいですか。」と置きかえる。「〜してもいい
ですか。」と許可を求める文は Can I 〜? で表す
ことができる。「伝言を残す」leave a message。
　　3．「あなたはこの計画について何と考えます
か。」と置きかえて，「何」what を使った疑問文
にする。「〜について考える」think of 〜。

3 (1)同じ意味の英語にしやすい日本語に置きかえ
て考える。「見せてくれない？」は「私はそれを
見てもいいですか。」と考え，Can I 〜? で表す。
「見る」は see。前の文から，見るものは
basketball shoes とわかるので，them に置きか
え，see のあとに続ける。
　　(2)「はやっている」は「人気がある」と考え，
popular で表す。人気があるのは，前の文の
them(＝ basketball shoes)。それを主語とする
ので，they となる。現在の文なので，be 動詞
are を使い，そのあとに形容詞 popular を続ける。

ポイント 前後の文から情報を集めて，文を組み立て
ていくこと。

ボブ：その箱には何が入っているの？
太郎：ぼくの新しいバスケットボールのシューズ
　　さ。母がこれをぼくに買ってくれたんだ。
ボブ：わあ！　見せてくれない？
太郎：いいよ。母とぼくはたくさんの店に行った
　　んだ。これを見つけるのはとても難しかったよ。
ボブ：知っているよ。はやっているからね。

単語の意味がわからない
単語の意味を推測できない

本冊 ➡ P.93

1 (1) January　　(2) better
2 (1) **イ**　　(2) **ア**

1 (1)まず，先生の発言で空所について説明している箇所を探す。次に，J をヒントに，単語を推測する。2 文目の In English, the second month of the year is called February. は空所のある文と同じ動詞 call が使われているので，単語を導き出すヒントの文だとわかる。また，その次の文中の the first month of the year「1 年の中で最初の月」より January「1 月」だとわかる。

(2)最初のジムの発言で，マキは昨日体調がよくなかったことがわかる。次のマキの発言で「病院に行って薬を飲んだ」とあり，そのあとジムが「それを聞いてうれしい」と言っているので体調はよくなったと考えられる。( )のあとに than があるので比較級を使って表す。「(体調が)よい」は well で，比較級は better。

和訳

(1)先生：1 年には 12 の月があります。英語では，1 年の中で 2 番目の月は 2 月(February)と呼ばれます。1 年の中で最初の月は，英語で何と呼びますか。
　　生徒：1 月(January)と呼びます。
(2)ジム：やあ，マキ。ぼくは君が昨日病気で早退したと聞いたよ。今日，調子はどう？
　　マキ：私は昨日よりずっと気分がよくなったわ。病院に行って薬を飲んだの。
　　ジム：それを聞いてうれしいよ。

2 (1)ヒントは「わからない言葉を見つけたときにたいてい使うもの」。I don't know は前の a word を説明している。

(2)( )を含む文は「また，あなたは友達を( )することができる。」という意味。最後の文に「彼らは歓迎される」とあるので **ア** invite「招待する」が適切。

和訳

(1)私はわからない言葉を見つけたとき，たいてい辞書を使います。しかし，それを持っていないときは，私は友達や先生にその言葉が何を意味するのかたずねます。
(2)今週末，私は佐賀に来たばかりの留学生の歓迎パーティーに参加する予定です。たくさんのおもしろいイベントがそのパーティーで開かれます。私は部員たちと書道のパフォーマンスをします。ぜひ参加しに来てください。私はあなたもきっと楽しめると思います。また，あなたは友達を招待できます。彼らは歓迎されるでしょう。

例題和訳 本冊 ➡ P.92

(一郎と花子がそばを食べていて，ジャックが彼らを見ている。)
ジャック：君たちは slurp している(音をたてて食べている)よ！　そばを食べるときはいつも slurp する(音をたてて食べる)の？
花子：slurping ？
ジャック：君たちは音をたてているよ。アメリカでは，食べるときに音をたてることはよくないんだ。
一郎：なるほど。日本では，そばを食べるときはたいてい音をたてて食べるよ。見て，ジャック。君のまわりの人々はみんな音をたてて食べているでしょう？
ジャック：ああ，そうだね。ところかわれば品かわる(習慣は国によって異なる)だね。